全产业数字化时代的日本创生战略

[日]藤原洋 著
魏海波 何俊山 译

广西师范大学出版社
·桂林·

著作权合同登记号桂图登字:20－2019－195 号

图书在版编目(CIP)数据

全产业数字化时代的日本创生战略／(日)藤原洋著;魏海波,何俊山译.—桂林:广西师范大学出版社,2021.9
(世界知库／刘广汉主编)
ISBN 978－7－5598－3321－1

Ⅰ.①全… Ⅱ.①藤… ②魏… ③何… Ⅲ.①数字技术－应用－经济发展－研究－日本 Ⅳ.①F131.3

中国版本图书馆 CIP 数据核字(2020)第 198782 号

全产业数字化时代的日本创生战略
QUANCHANYE SHUZIHUA SHIDAI DE RIBEN CHUANGSHENG ZHANLUE

出 品 人:刘广汉
责任编辑:刘 玮
助理编辑:陶阿晴
插　　图:铃木顺幸
装帧设计:李婷婷

广西师范大学出版社出版发行
(广西桂林市五里店路 9 号　邮政编码:541004
网址:http://www.bbtpress.com)
出版人:黄轩庄
全国新华书店经销
销售热线:021－65200318　021－31260822－898
山东新华印务有限公司印刷
(济南市高新区世纪大道 2366 号　邮政编码:250104)
开本:650mm×960mm　1/16
印张:11　字数:103 千字
2021 年 9 月第 1 版　2021 年 9 月第 1 次印刷
定价:54.00 元

前言

我出生并成长于日本，作为一名企业经营者、业界团体领袖、中央省厅召集有识之士组成的参政会议与会成员、大学教授，参与并积极推进了各式“产（产业界）”“学（学术界）”“官（政界）”的合作。由于处于这样一个特殊地位，让我有机会同十多个国家的“产”“学”“官”方面的人士进行交流。我认识到，自互联网诞生以来的近20年里，只有日本败北了（代表一国国内生产总值的GDP在减少）。因此，我写了《日本为什么会输？——互联网所创造的21世纪的经济力学》（2016年6月由Impress R&D出版），阅读该书的主要是互联网行业的众多人士，可以说在业界得到了很高的评价。

之所以写本书，是因为我预感到了继互联网出现之后“数字化转型大潮”的到来。为什么这么说呢？因为“IT带来的企业变革的必要性正蓄势待发"，这已经不是一个临时现象，而是作为新的工业革命，即"数字化转型"潮流存在着。日本社会在诸多产业领域里，本应该建立将生产者与消费者直接联系起来的互联网式产业结构，却受缚于各种各样的规定，一直维持延续着旧的保守形态的金字塔式多重承包结构。其结果就是许多产业衰退下去了。

因此，与可以远走国外的日本企业不同，由于税收没有增加，日本政府十分焦急，特别是最近，首相官邸出台了改革基本政策的方针。也就是说，政府的方针是不再维持原有政策。还在墨守成规的只有民间团体。这样一来，会发生什么呢？答案是日本市场被外来企业统治了。不用我举出优步（Uber）、爱彼迎（Airbnb）、金融科技（FinTech）这些新兴的热门企业，亚马逊（Amazon）已经席卷了日本的流通产业。这是因为比起旧体制下的日本企业，日本消费者更喜欢像亚马逊这样的新型流通企业。当业界为了自我保护，还在讨论电商与实体的问题时，亚马逊已经创造了无论什么都可以买到，而且价格更便宜的时代。

亚马逊刚刚进入市场时，美国的商业顾问团也是持怀疑态度的。但是，大约过了6年，它开始盈利，在那一刻，人们的眼光变了。世界真正开始进入数字时代，运用IT的新型服务和企业接连诞生，有人称这些企业为"靠数字打破格局"。总之，一旦回到互联网的本质这个问题，我们就能够看清楚真实情况。

第四次工业革命（"数字革命"）将使"工业社会"瓦解，并加速向代表"生产者与消费者关系"的"信息社会（网络化社会)”前进。而数字化转型指的是应用互联网的新阶段，并非暗示代替互联网的下一个时代。

本书提出“数字化转型”这个主题，当然不是指“数字带来企业变革”，而是指它将掀开工业革命史上新的一页，从这个意义上可以说它是一场带有本质性的时代变化。之所以这样说，是因为到目前为止，我在日本所从事的具体的“产”“学”“官”合作已有所进展。并且，这里还集中了国外的“产”“学”“官”合作的具体方案，我与担任日本经济主要角色的实业界人士一样，深感制定具体的日本复兴蓝图的必要性。对于“数字化转型大潮”，我与各位达成共识，希望“2030 年日本 GDP 总量达到 1 000 兆日元”的宏伟蓝图能够实现。

在本书中，作为互联网时代初期 AI（人工智能）技术和 IT 企业经营的参与者，我将阐述 AI 和 IoT（物联网）等技术给我们的现实生活带来了怎样的冲击，以及各种产业应该如何参与其中，并结合实例详细说明给产业和企业的具体好处。

第 1 章就技术进步和第四次工业革命的本质进行解说；第 2 章将详述给日本企业带来最大利益的 IoT；第 3 章具体说明 AI 技术“能做什么、不能做什么”；第 4 章讲的是金融科技，虽然有关它的知识在日本的普及度不高，但它将彻底改变金融领域的面貌，这一点毋庸置疑，我将结合企业的具体措施和实例加以说明；第 5 章提及在 IT 领域表现出色的科技强国以色列，依据我自己的从业经历加以说明。而且，在各章开头部分，都有刊载预测 2030 年日本经济的“未来报”（《日本创生新闻》）。

虽然在正文中将要详细叙述，但我还是想在这里提一句：日本由于在 IT 革命中落伍，GDP 没有增长，但形势发生逆转的大好时机就在眼前，我将予以证明。

如果各位读者读完后能够切实感受到“确实如此！”，并且产生“自己也想挑战一下”的想法，那么，本书便可以说获得了成功。

藤原洋

2018 年 8 月

目录

第 2 章 IoT 带来了历史上最大的增长
——“制造业的服务化”关系到实业

第 5 章　机会在“世界的以色列”
——日本的“装配能力”发挥作用共创新时代

第1章

第四次工业革命是日本创生的大好时机
——当日本再次站在世界前列

日本创生新闻①

第1章

二〇三〇年×月×日 星期×

发行人：藤原洋

Nihon Sousei Shinbun

当GDP达到1 000兆日元时，

数字化转型革命将成为主要助推剂

2030年将变成这样

- 数字化转型革命将给人们的生活和社会带来大规模的冲击；
- 各个企业将逐步从“金字塔式组织形式”向“互联网式（自律型、分散型、协调型）组织形式”、从“以供货方为主导”向“以需求方为主导”转变；
- 从事IoT（物联网）业务的日本企业将成长为引领世界的超大型企业。

日本经济进入飞跃发展期。显而易见，在2014年还是4.59兆美元的日本GDP到了2030年将会达到10兆美元，即1 000兆日元，对GDP的增加贡献最大的将是IoT。由于IoT的存在，商品连接互联网，人们在进行交易时不靠“语言”，而是靠“数值”。语言壁垒消除会给在制造业方面具有强大优势的日本企业带来巨大商机。因此，也就能够期待进一步的经济增长。

① 此处的“日本创生新闻”是作者所设想的日本于2030年将发生的“未来新闻。”

语言壁垒的消除

即使语言不通也可以用数值交流信息

IoT 给我们带来的前景

——迈向能够与 55 亿人做生意的时代

具有自动订购功能的冰箱

全世界都会订购日本制造的冰箱。因为家用冰箱的半导体芯片掌握了每月食品消费量，可以自动向商家下订单以采购所需食品，这也可归功于 IoT。从2010年开始，日本的研发经费增加了1倍，已达到世界水准，经费的增加对该领域的研发工作起到了巨大的推动作用。半导体芯片今后不仅被用于家电行业，还会被用于自动驾驶的汽车。以全球55亿人为消费对象的商业时代真的已经到来。

“人类将输给 AI”是真的吗

——日本领先世界的大好时机

连日来媒体上提起的“AI”① 和“IoT”② 等技术革新，给我们的社会带来了怎样的影响？今后又会产生多大的冲击呢？比如，美国谷歌开发的围棋 AI“阿尔法狗”战胜了人类最强棋手；中国大型互联网企业腾讯设计的围棋 AI“绝艺”因打败头号棋手而成为公众的话题等，都是 AI 带给人类巨大威胁的具体案例。

还有只要对着讲话就能播放音乐、播报天气和新闻等的智能音箱（AI 音箱）近来已普及到很多家庭。原以为离我们很遥远的 AI 技术，却在不知不觉间来到我们身边。从这些事实可以看出人们对

---

① AI（Artificial Intelligence）人工智能：是一种让计算机从事人的智力活动的技术，或者指能够进行人的智力活动的计算机程序。

② IoT（Internet of Things）物联网：在互联网的基础上，按照特定的协议方法，通过各种信息采集和识别技术，将物品与通信网络连接在一起。共享庞大数量信息的云技术和大数据技术、人工智能等，不仅仅使人与人之间的交流更为便利，还把高度发达的通信功能与“物”相连，使其能够通过互联网相互传递信息。

AI技术突如其来的关注，与此相反，“人类的时代已经结束，以后工作将被AI替代”“将来会出现技术奇点①，人类将输给AI”，类似的消极预测也多了起来。

但是，AI和IoT绝不应被视为消极的东西，相反，应该理解为人类正朝着更加美好的方向前进。从这些技术革新给日本人和日本企业带来引领世界机会的积极方面看，我期待它们的到来。现在就来讲一下我的理由。在这之前，我想和诸位一起回顾一下第四次工业革命（数字化转型革命）出现之前技术的发展历程。

一场“革命”正在进行

——我们的生活和社会面临巨大变革

如今技术进步依然狂飙突进。在不远的将来，它将具体带给人类怎样的冲击？在考虑这个问题之前，我们来回顾一下人类历史，回顾那一共发生过三次使产业发生巨变的技术革新，即工业革命②。

第一次工业革命是18世纪后半期蒸汽机带来的动力革命。第二次工业革命又被称为重化工业革命，以工业为主要产业的“工业

① 技术奇点（Technological Singularity）：技术方面的特异点。指的是AI达到指数函数般高度化发展之后超越了人的智力的时间点。

② 工业革命：动力机的发明与应用给生产技术带来了划时代的变革，使得工厂从手工作坊形式向机器大工厂发展。

社会”得以形成，以“土地”所有权的归属为标准所划分的社会阶级和以农业为主要产业的封建社会体系最终瓦解，同时创造出以“商品”所有权归属为划分标准的“资本家与工人的关系”，从而形成资本主义社会。第三次工业革命就是近年来发生的数字信息革命。而今后将要发生的第四次工业革命就是我所提出的“数字化转型革命”（图 1）。

图 1　日本迄今为止的两胜两败

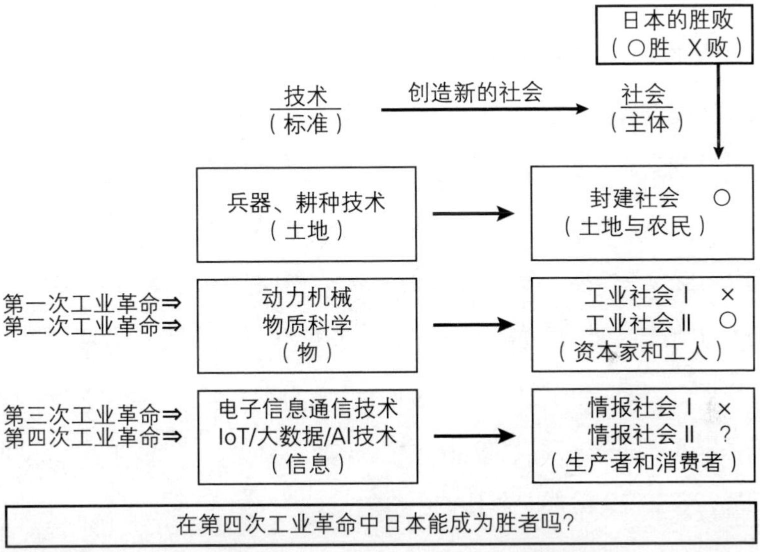

数字信息革命催生出计算机产业和 IT 产业这样的数字信息产业，而在数字化转型革命中，可以想象从农业（第一产业）到制造业（第二产业）再到服务业（第三产业），所有产业都实现数字化，产业结构发生巨大变化。也就是说数字技术将改变所有产业的

结构。第三次工业革命和第四次工业革命使工业社会瓦解，创造出“生产者与消费者”的新型关系，向“信息社会（网络化社会）”发展，将给我们带来巨大的变革。

在这里要强调的是，被称为“王国”的日本家电产业陷入毁灭状态绝不是因为数字化的影响。家电产业的衰退是由于“比起世界市场优先考虑日本市场”“比起在世界范围竞争优先考虑雇佣日本人”，从而导致自身在全球化方面的滞后。明确地讲，是由于日本社会没能适应全球产业结构的变化。

在工业社会发展过程中，日本企业的人工费上升，成本竞争力消失。当发现这些问题时，日本企业便转移到国外去，这完全是“顺其自然”的结果。我们发现，信息通信设备产业的衰退源于轻视互联网的技术革新，由只顾垄断电话事业造成。在这一点上，日本汽车产业则从日美贸易摩擦①的教训中提前完成了对外转移，也为其工厂迁入国的 GDP 增长做出了贡献。只不过，现在汽车产业也正处于所谓的“CASE”（Connected 网约车、Autonomous 自动驾驶、Shared & Services 共享服务、Electric 电动化）潮流中，接受以谷歌为首的新兴 IT 企业的挑战，未来将无法再成为不可撼动的磐石。

回到刚才的话题，工业革命之所以被称为“革命”，是因为它

① 日美贸易摩擦：日本在第二次世界大战中战败后，依靠经济增长和技术革新使自身的国际竞争力得到加强，将大量的日本产品出口到美国。20 世纪 60 年代后半期的纺织品、70 年代后半期的钢铁产品、80 年代以彩色电视机和 VTR（录像机）为主的电器产品以及汽车（高科技产品）等大量出口到美国，引起了激烈的贸易摩擦。

从根本上改变了人们的生活和社会体制，目前进行中的第四次工业革命将给我们的生活和社会带来前所未有的巨大冲击。因此，第四次工业革命不单单是数字化所带来的企业变革等，而应该把它理解为一场开启工业革命新篇章的根本性时代变化。

进入数字化第三阶段
——企业间竞争白热化

我前面讲过，第四次工业革命是数字化转型革命，数字化转型革命这个词是 2004 年瑞典于默奥大学的艾瑞克 · 司杜特曼（Erik Stolterman）教授提出来的。根据司杜特曼教授的解释，数字化具有以下 3 个阶段（图 2）。

图 2　数字化转型革命的定义和数字化的发展过程

数字化转型革命（Digital Transformation）

‖

IT 的渗透将使人们的生活在各方面都变得更好

- 数字化的**第 1 阶段**是利用 IT 强化业务程序
- **第 2 阶段**是实现由 IT 承担各种业务
- **第 3 阶段**是业务与 IT 的相互转化，形成一种富有活力的自由转换状态

> 现在正向“第 3 阶段”过渡
>
> ⇒人工智能和机器人科学等 IT 技术的革新使得第 3 阶段已经实现了一部分
>
> ⇒接下来发展的方向是迈进现实社会与虚拟社会的无缝转换

数字化的第 1 阶段是利用 IT 实现业务程序的强化，第 2 阶段是通过 IT 实现业务的替换。比如，当下习以为常的“网上银行”和“网络股票交易”等，仅仅数字化的第 1、第 2 阶段，其方便程度和效率就已经如此可观。若干产业目前已进入数字化进程的第 2 阶段。那么，今后将要进入的第 3 阶段有哪些领域会实现数字化呢？在第 3 阶段，“IT 本身将成为业务”。到时，起较大作用的将是 AI 与 IoT，当这一阶段再进一步向前发展时，可以想象，现实社会与虚拟社会之间将开始没有区别。司杜特曼教授是把数字化转型革命作为“企业的数字化”来提倡的。而我本人却认为数字化转型革命既不是“一个行业的数字化”，也不是“一个企业的数字化”这么简单的变化，而应该理解为所有行业的各个企业全面实现数字化，即“全产业的数字化”。从个人角度而言，“会感到很便利，社会变得越来越有趣”，然而作为企业，围绕第四次工业革命，却要在全球范围内展开激烈的竞争。

对于企业而言，首先要将现有业务从模拟向数字转型，也就是说，有必要变革为全部改用互联网的商业模式，或者变革为以开发计算机程序为中心的企业组织。这些变革对于企业来说，不是“做不做”的选择题，而是“如果不做就无法生存下去”的绝对命题，没有选择余地。如果您的企业没有采取变革的行动，其他企业就会抢占先机，等意识到“糟糕了！”时就已经落后太多，被泼了一头冷水似的感到无所适从。

所有公司都会转为 IT 企业

——主动权转移到拥有数据的一方

到了那时，企业里担任变革任务的主要是 IT 工程师。当然，强有力的上意下达（一种管理模式）也是需要的。如果一家企业没有优秀的领导，那么它将面临被淘汰的命运。虽说如此，由于“IT 本身将成为业务”，业务形态发生变化的必然是第一线，所以需要比以前多出十几倍的 IT 工程师。

2016 年 6 月美国 ICT[①] 高德纳咨询公司发表了针对日本企业内部 IT 组织的调查结果。调查结果显示，未来软件开发部门的规模将是现在的两倍以上，据预测，其中大部分将从事数据业务，同时约一半的日本企业将从事数据业务。也是根据预测，实际担任数据业务的比例是，原来从事 IT 业务部门内的专门小组占 40%，IT 部门和业务部门共同组成的专责小组[②]占 30%，和原来的 IT 部门毫不相干的其他组织占 30%。详细的数值是否正确另当别论，但关于数字化转型革命正在发生的说法毋庸置疑。而且，数字化转型革命照

① ICT（Information and Communication Technology）：信息通信技术。信息处理和信息通信，也就是与计算机和网络有关的各个领域的技术、产业、设备、服务等的总称。与 IT 几乎是同义词。

② 专责小组：不仅要处量企业的紧急任务、问题，还需负责业务推广。

这样继续下去的话，“大型银行和主机供应商[①]”这种IT用户企业和提供IT业务的企业之间的关系不可避免地将发生变化。因为推进数字化转型革命的企业全部需要成为IT企业。所谓的推进数字化转型革命，在广义上和IT企业同义，即使以前是IT用户企业，如果推进数字化转型革命，那么必须将业务进行协同创新，这一点非常重要。也就是说，所有的企业都需要转变成以IT为中心的组织机构。并且，当IT已经在世界普及的情况下，占据优势的就是“数据”。主动权转移到保有数据的一方乃是历史发展的必然，现状已经足以印证，我们从谷歌（首创）、亚马逊等公司围绕数据进行争霸这一点也能了解到数据的重要性在今后将只增不减。

印刷业也会实现数字化
——业界变革应该是什么样子

数字化转型革命既容易理解又具有代表性的例子，当属金融领域的“金融科技”[②]和汽车行业的“网约车”，甚至在想不到的行

① 指产品的供货商。信息系统的购买者、使用者（即用户企业）会把综合服务数字通信网（即信息系统的设计、开发者）作为整个系统的出售方，称其为“IT供应商”“系统供应商”“开发供应商”等。

② 金融科技（FinTech）：是Finance和Technology的合成词。指运用智能设备、大数据分析、AI等新一代IT的金融服务。

业也能见到数字化的实例。以前，我曾经在印刷行业做过讲演，当时令我吃惊的是，印刷用纸市场在近 20 年来大约缩减了一半。如果以销售额也是原来的一半这样粗算，则不难得知，在印刷行业有一半的企业不能存活下去。在如此严峻的市场环境下，某家印刷公司积极地把印刷技术应用在了医疗设备和网络认证系统的开发上，通过采取这种从印刷业到其他行业的数字化转型革命，来一赌自我生存之法。这也许就是行业变革应有的姿态吧。如果纸张印刷的需求锐减，可以通过“印刷业 × 数字（化）”这样一种方式达到向无纸化等业务模式的变革。

为什么只有日本败北了呢
——“金字塔式多重承包体制”的弊端和亚马逊带来的“破坏”

我有幸同海外十多个国家的“产”“学”“官”负责人交流过，在交流的过程中认识到“自从互联网出现以来，只有日本输了”。最能明显体现这一点的就是 GDP。只有日本在发达国家行列中 GDP 不增反降（表 1）。

那么为什么只有日本一个国家输了呢？那是因为本应该按照直接连接生产者与消费者的“互联网式产业”进行结构改革的各个产业却依然遵循旧的习惯，即“金字塔式多重承包体制”依然受到各种各样规定的保护。其结果就是许多产业慢慢衰退，在国际竞争中

表 1　在发达国家中只有日本的 GDP 减少了

	1994年	2014年	增减
日本	4.85（38 771）	4.59（36 156）	3.4%减（6.6%减）
美国	7.30（27 755）	17.35（54 360）	2.4倍（1.96倍）
德国	2.21（27 116）	3.87（47 716）	1.75倍（1.76倍）
英国	1.14（19 743）	2.99（46 313）	2.6倍（2.35倍）
法国	1.40（24 398）	2.83（44 288）	2.0倍（1.82倍）
中国	0.56（471）	10.4（7 626）	17.8倍（16.2倍）
韩国	0.46（10 207）	1.4（27 970）	3.0倍（2.74倍）
奥地利	0.204（25 688）	0.438（51 433）	2.15倍（2.0倍）
匈牙利	0.043（4 148）	0.137（14 006）	3.2倍（3.38倍）
以色列	0.084（15 599）	0.305（37 222）	3.6倍（2.39倍）
瑞典	0.226（25 647）	0.571（58 590）	2.5倍（2.18倍）

* GDP：单位 = 兆美元（人均 GDP = 单位美元）
* 本表是作者根据各种统计数据制作而成

败下阵来。对此抱有危机感的日本政府提出了改革现有体制的方针，但是由于现有体制如磐石般又厚又坚，使得我们至今看不到改革有什么进展，这一点十分令人遗憾。顺便说一句，我这里所讲的磐石般的旧体制指的是相关政府部门、国会的各派议员、业界团体三者结成的三位一体关系，他们坚决地反对改革，因此现有体制不易被削弱甚而被拆除。自 20 世纪 80 年代以来，从经济增长角度来看，在诸多领域都能看到体制有所松动的迹象发生，但是由于遭遇相关既得利益者们的坚决反对，问题的解决被推迟了，这在医疗、农业、教育、劳动雇佣等领域可见一斑。那么，在稳如磐石的旧体制阻滞整个国家的体制改革期间，到底发生了什么呢？答案是外来企业的席卷而来。

亚马逊已经席卷了日本的流通市场，这是因为比起固有的日本企业，本国的消费者更支持亚马逊。当日本企业由于行业保护的缘故还在实体与电子化之间进退维谷之时，亚马逊已经开创了一个什么都能买而且平价的时代。前面也提到过，有的人不无讽刺地把像亚马逊这样在网络上驰骋的新兴企业叫作“信息时代的破坏者”，换言之亚马逊正是在破坏日本的若干产业中立足的。

15 年前曾有“长尾效应”① 一词，大家还记得这个词是作为亚马逊商业模式的象征而登场的吧！其实它反映的正是互联网的本质。互联网的本质就是“自律”“分散”“协调”，而且不存在隶属关系。带有自律性质的每一个“节点”② 其实是分散的，但是彼此之间又是协调的，以此形成了世界上独一无二的互联网。因此，不能说是“一个互联网”，而应该直接说“互联网”。

不从通信工程，而从经济学观点来说，“节点”可以换成“消费者”和“生产者”。所有经济活动的原点均在于消费者的消费。消费者之所以支持亚马逊，就是因为他们想要的即使不是爆款商品，但靠长尾效应也能买到，这就是所谓消费的原点。

---

① 长尾效应（The Long Tail）：一种线上销售现象，即和主营商品的销售额相比，那些不好卖的冷门商品的销售占比更高。

② 节点（Node）：计算机网络的连接点、分界点。服务器、用户、中枢、主机、存储器等，在传感器网络中指传感器终端。

互联网的本质是什么

——从“金字塔式组织”到“自律、分散、协调型组织”

互联网使世界焕然一新。我作为初创企业人士投身互联网世界，也是想为互联网这个巨大变革尽一份自己的责任。互联网就像图3的C那样，是分散式的。连接互联网的各个节点全是分散的，不存在集中点。互联网出现以前的电话交换台和大型计算机的在线网络，一定都有集中点。集中点负责管理和统括全体与局部的功

图3　互联网最基本的分散概念

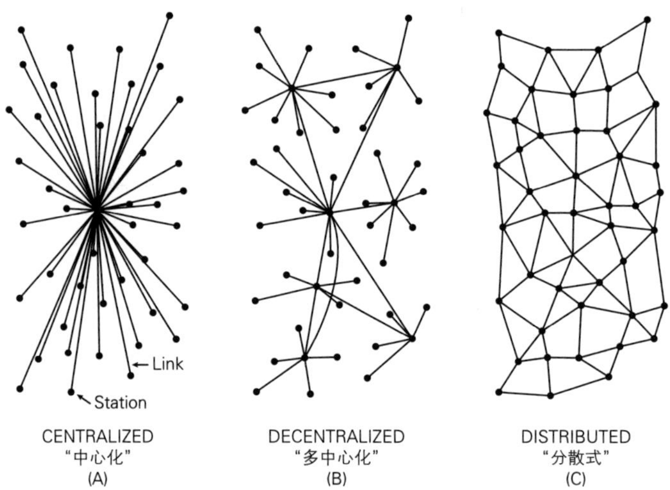

互联网的本来面目如图（C）所示

http://personalpages.manchester.ac.uk/staff/m.dodge/cybergeography//atlas/baran_nets_large.gif

能。那么，没有集中点的互联网的基本原理又是怎样的呢？

包括通信网络和广播电视网络在内的互联网设计[①]的基本原理如下所述（RFC 1958，*Architectural Principles of the Internet*，Brian Carpenter）：

- 即使一处发生故障，也不会影响到整体；
- 无线化（不需要像电话那样买下使用权后再通过电话局转接，可以随时传送出去）；
- 在网络内维持最低限度状态下的信息即可；
- 终端对终端控制（End to End，中间的节点不干涉控制）；
- 用户可以控制应用程序和服务的选择（用途方面不设限）。

像这样的互联网基本原理不仅与信息网络的构成有关，而且很大程度上关系到组织的存在形式以及与外部组织的关系如何。重要的一点是，我认为在这里可以看出互联网的本质，即“自律”“分散”“协调”。而日本的企业组织却狭隘地认为这些只不过是信息系统的方法论而已。其实正是这一点导致了“日本的败北”。信息通信产业于 1985 年将日本电信电话公司民营化而引入竞争原理，又进一步于 1994 年实现互联网的商用化，这标志着大规模的改革迫在眉睫。事实上，互联网“自律”“分散”“协调”的本质，不只给信息通信产业，而是能给所有企业带来巨大变化。日本社会没

① 互联网设计（Internet Architecture）：互联网的基本设计、标准规格和设计理念。

能充分理解这个本质，加上政府机关和行业间的条块分割结构，导致适合互联网的制度改革被推迟了，最终也就没能受惠于互联网这样一种技术革新。如前所述，在过去的20年里，在主要发达国家中，只有日本的GDP减少了，其结果是远远落后于其他国家。只有日本没能很好地适应互联网带来的变化，困窘的“失去的20年”① 于是接踵而至。

将组织和交易形态本身改变并迎合互联网时代，也就是说将组织本身从原来的“金字塔式组织”改变为“自律、分散、协调型组织”，此乃日本企业急需解决的问题（图4）。

其目的在于提高应对急剧变化的效率和扩大应对范围（无论大规模还是小规模都较容易兼顾），更重要的是通过达到自律，使各个参加者（企业）可以发挥自身的活力，同时能够做到创造性地去面临新的挑战。关于自律、分散、协调型组织的运营方式，首先，重要的是站在全局角度树立共同的战略思想，同时做到意见的充分交换，以此反向促成整个组织的共同性战略思想。

---

① 自经济稳定增长期结束的1991年3月起，日本大约经历了20年以上的低迷期（尽管经济景气时，实际经济增长率也不过是5%以下的低增长）。

图 4　IT 行业也从“金字塔型组织”向“自律、分散、协调型组织”转变

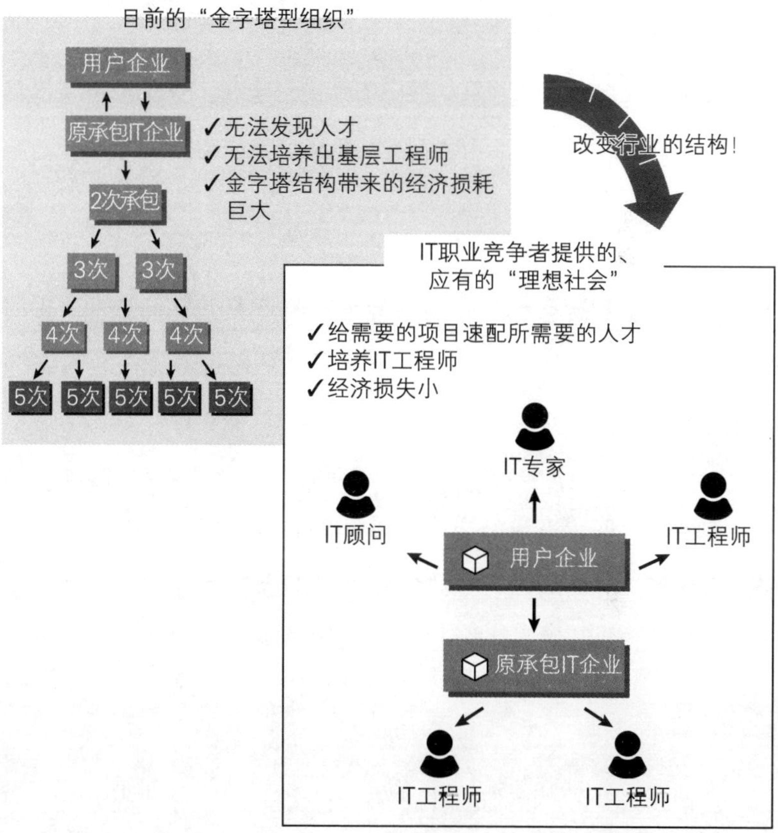

互联网改变了 5 个领域
——这是远远超过计算机网络技术的概念

起源于完全分散式计算机网络的互联网现在不仅仅停留在信息系统的革新上，在以下 5 个方面也发生了巨大变化。

① 技术

今天的主要技术革新 IoT、大数据、AI 都是互联网技术取得的新进步。

② 媒体

媒体作为信息传递的手段，起源于活版印刷，之后与纸质媒体、存储媒体、播送媒体、通信媒体等的发明同步发展。到了今天，所有的信息传递媒体都正在向互联网集中。

③ 民主

所谓民主主义，指的是人民拥有和行使权力的一种政治形态。它起源于古希腊，经过 17、18 世纪的平民革命，演变为近代国家的政治理念。在近代民主主义思想中，“国民主权”“基本人权”“法制管理”“权力的分立”等都受到重视，自互联网出现后，不言而喻，政治形态方面变得更加广泛地尊重人的“自由”和“平等”了。

④ 外交

本来外交指的是国家间就国际关系中的问题进行交涉，一般被认为是外交官和总理等国家领导人来处理国际社会问题。但是，互联网出现后，“互联网管制”渐渐成为世界外交的基础。所谓互联网管制，指的是在健康地运营互联网方面，制订必要的规则和机制，对它们进行研讨后加以实施。这样互联网就成为一种世界级的空间，它不再是单一的管理机构，而是成为一种人们可以直接参与规则制订的文化形态，与以前的机构大相径庭。

⑤ 产业革新

根据政府统计，近年来“制造业”所占比重呈下降趋势，就业结构向服务业方向发展。农业等第一产业就业的人是 4%，制造业等第二产业是 25%，服务业等第三产业大幅度增加到 70%。从 GDP 来看也一样，第一产业 1%，第二产业 25%，第三产业 74%（根据 2014 年的调查）。这种产业结构变化绝不仅限于日本，可以说是在许多发达国家都能够见到的趋势。在这之中，互联网所具有的无法估量的影响力，将远远超过“自律”“分散”“协调”这样的抽象的计算机网络技术概念，它会使产业结构和社会发生巨大的变化。

“从拥有到利用”这一潮流滚滚向前
——“想用则用”这种高度的经济性

构成互联网本质的“自律”“分散”“协调”带来了从“以供给方为主”到“以需求方为主”经济原理的转变。比如，在我所在的互联网行业里，在B2B（即企业间交易）中，计算机资源的“从拥有到利用”，使云计算①得到了成长。同样的情况也发生在汽车行业。不需要拥有汽车也可以利用汽车的租车业务已经存在，从经营拼车服务的优步（Uber）出现开始，今后汽车“从拥有到利用”这种潮流会继续发展。这就是我之前说的“共享时代”。正如“MaaS”② 这个词语引起人们关注的那样，汽车厂商也迫切要从“汽车制造业”向“汽车服务业”变革。

根据需求方的理论，之所以“从拥有到利用”向前发展，是因为对消费者来说，与其“拥有”，不如“利用”来的更加经济实惠。当然，想拥有“私宅”“别墅”以及“豪车”的人依然很多，但那不是从经济性方面考虑，而是为了满足精神富有。比起为了拥

① 云计算（Cloud Computing）：将计算服务（服务器、存储器、数据库、网络、软件、分析等）通过互联网发送。简称云。

② MaaS（Mobility as a Service）：出行即服务，基于移动智能终端技术的服务系统，发展共享交通。优步所代表的汽车共乘和汽车租赁也包括在内。

有而花钱去购买，之后还要花钱去维护，在想用的时候就能用到，这样就方便了使用者，经济性也更高。为了实现“想用则用”这一理想目标，互联网开始发挥它的巨大作用了。

日本的研发经费没有增加
——曾经的科学技术大国落到了最低水平

大家知道日本在科学技术开发上面投入了多少经费吗？请看世界主要国家科研经费投入变化表（图 5）。假设 2000 年的金额为 100，之后 10 年间研发经费的增加额，日本在世界主要国家中是最低的。日本的指数在 2011 年为 107，然而美国、德国、法国、英国的指数接近 150，也就是说这些国家在大约 10 年间研发经费增加到原来的 1.5 倍。

各国政府的科研预算变化情况（图 6），假设 2000 年的金额为 100，比较各国其后的增减情况，美国的增幅很明显，2011 年的指数是 184，德国也增加至 144，日本为 112，在世界主要国家中停留在最低水平。接下来再看大学各部门的研发经费情况（图 7），还是假设 2000 年的金额为 100，日本略有增加，为 110，相对来看美国为 206，增加至原来的两倍以上。英国为 193，德国为 165，法国为 164，这些国家的数额和增幅都远远高于日本。

这些有关科学技术的研发经费，只有日本保持不变，没有增加，毫无疑问与 GDP 的停滞不前有着很大关系。而且，这些数值表明被称为科技大国的日本的衰退也是不争的事实。

图5　主要国家研发经费（指数）变化

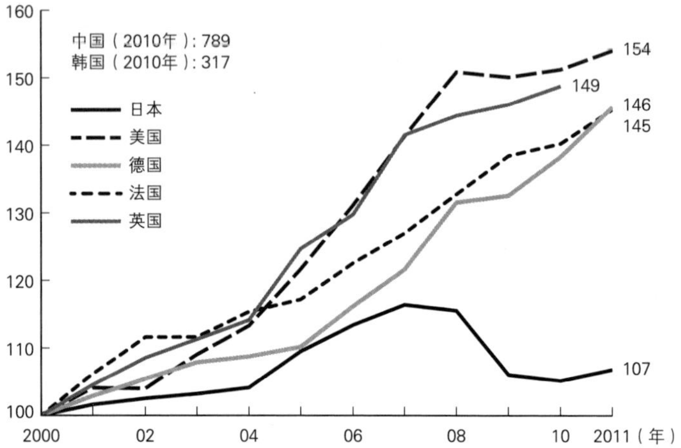

出处：文部科学省科学技术、学术政策研究所《科学技术指标 2013》
（图 5 中曲线所代表的国家依次是日本、美国、德国、法国、英国）

图6　政府科研预算（指数）变化

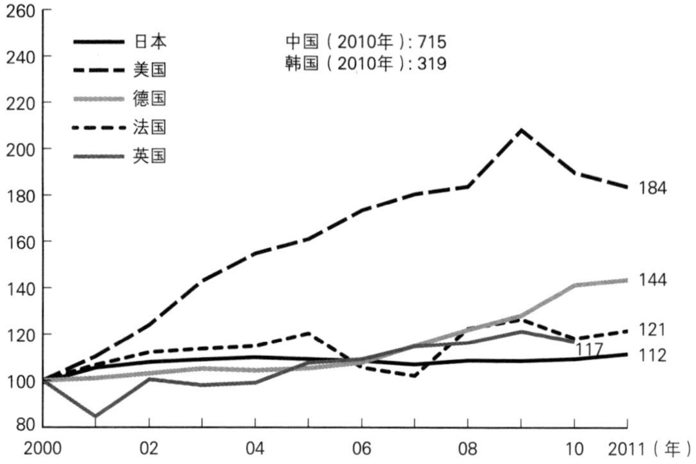

出处：文部科学省科学技术、学术政策研究所《科学技术指标 2013》
（图 6 中曲线所代表的国家依次是日本、美国、德国、法国、英国）

图 7　大学部门研发经费（指数）变化

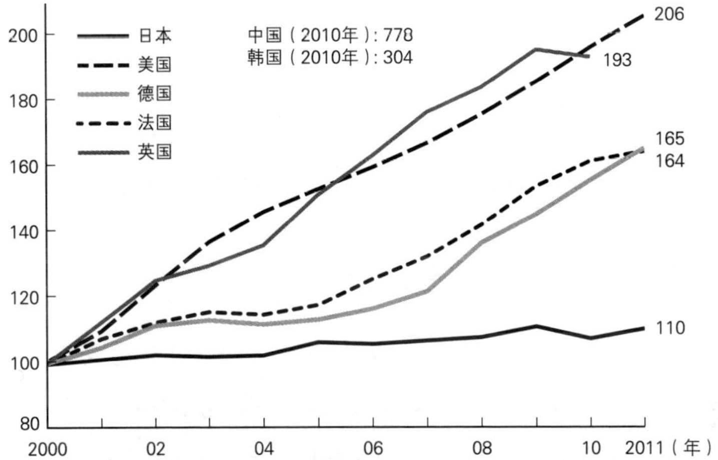

出处：文部科学省科学技术、学术政策研究所《科学技术指标 2013》

（图 7 中曲线所代表的国家依次是日本、美国、德国、法国、英国）

日本企业能否驶上左车道

——要意识到非连续性技术革新的必要性

在经济产业省的网页上登载着一幅有趣的插图（图 8）。一辆汽车奔驰在高速公路上，前方立有两个标牌，左车道的标牌上写着切换路线的“世界领导人”，右车道的标牌上写着保持现在路线的“赤贫者”。也就是说，很多日本企业现在都是跑在右车道上，只要跑在现行车道上，就一定是会走下坡路的意思。这幅插图的寓意是只有变更车道，跑在左车道上才会有出路。可是，要想跑在左车道上并非易事。日本也有像雅虎、mixi（日本国内社交网站）、乐天等优秀的企业，但与被称为“GAFA”，即谷歌（Google）、苹果（Apple）、脸书（Facebook）、亚马逊（Amazon）等大型技术型企业相比，无论是企业价值还是规模，处理的数据量都不是一个等量级，这一点是铁的事实。

图 8　第四次工业革命——日本领先战略

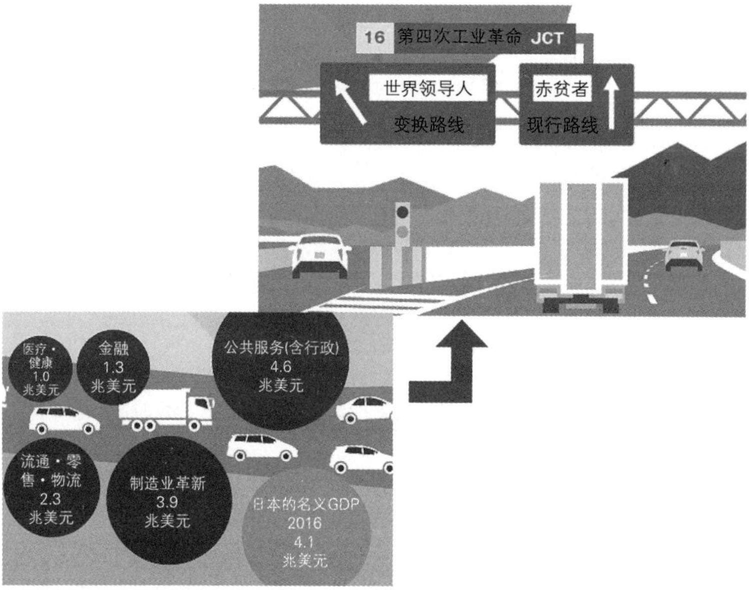

出处：摘自经济产业省网页

说实话，从现在开始，日本企业想要在同一个平台上与这些国家的企业进行竞争实属困难，我们在迄今为止的互联网世界里与全球竞争恐怕胜算极低。那么，日本和日本企业应该怎样去面对呢？

因为与从前相比，时代变化的速度极快，在这个难以预见未来的时代里，到底应该怎样做？

首先应该做的是，清醒地认识到“正在发生着像指数函数般急剧的变化”，然后，要认识到需要进行非连续性技术革新，且这一点世界各地已经在进行中，而且还要有相应的“危机感”，难道不是这样吗？

今后 10 年，日本能够取胜的理由
——不用语言，用数值说话的优势

谷歌、脸书、亚马逊等公司为什么能够成为超级大企业呢？肯定是有一些理由的，我认为这些公司的互联网服务是以人为对象的服务，用英语提供服务，这两点非常重要。正因为英语圈人口众多，且多为发达地区的用户，因而能做到各种服务都处于领先地位，获得先行者能够获得的稳定利益，成为各自市场的领头羊。

中国的阿里巴巴和腾讯在这几年里也超越了日本企业，在营业额、利润和时价总额等方面已经成为屈指可数的超级大企业。那也是汉语圈人口众多的缘故。也就是说，在经济持续增长的中国成为第一，就理所当然地可以成为世界屈指可数的企业。在以人为对象的互联网服务中，很明显使用该语言的人能给生意规模带来巨大的影响。日本人口约 1.2 亿，用日语做生意的日本企业很难做到超过

这个数字，从而扩大服务。另一方面，英语圈不仅有美国，还有英国和澳大利亚，有几亿的人口。中国的人口超过了13亿，有着10倍于日本的市场规模。

但是，在今后的交易过程中，这种语言壁垒有可能消失。为什么呢？因为在IoT方面，商品连接互联网，不是用“语言”，而是用“数值”来进行交易。运用AI进行大数据分析，虽然也必定会用到语言资料，但更多靠的是通过传感器等进行测量得到的数值资料。也就是说，在IoT和AI服务中，由于语言壁垒解除了，对于本来就擅长制造的日本企业来说，这将成为一个绝好的机会。

从现在开始花上10年时间，通过IoT技术，向大量连接商品与商品、商品与人的互联网时代奋勇前进。通过尽早地从事IoT业务，日本企业就会拥有十二分机会成长为引领世界的超级大企业。为此，政府也好，企业也罢，增加有关科学技术的研发经费尤为重要。尽管如此，毕竟预算有限，所以锁定投资对象是完全有必要的。除此之外，我个人认为，只有将所有商品都视为与互联网相联的IoT相关业务，才会真正打通日本取胜的主要渠道。

人口减少不是危机，而是机遇

——技术革新诞生于强烈的危机感之中

在推进第四次工业革命，即数字化转型革命方面，还有一个对日本有利的要素。那就是预测到由于少子化导致的人口减少，以及老龄化的加剧使得今后劳动力人口继续减少这一点。也许大家会感到意外，其实人口减少对于日本来说是个机会。劳动力人口的减少，一般来说被认为会造成经济规模缩小，人口持续增长的美国GDP位于世界第1位，第2位的中国正如前所述拥有13亿人口。印度也属于人口多的国家，预计今后它的人口还会增加，正因为这一点，其经济增长也是可以期待的。

另一方面，由于信息化和AI技术的发展，很多人担心现在许多人做的工作都会被替代，失业人数会增加。人口减少和工作机会减少会被认为是消极的问题，但是将这两方面合起来考虑，工作减少了，人口减少了，在数字逻辑上，失业者人数并没有增加。现在的日本失业率同世界其他各国相比，是低了很多，基本维持在2%，几乎接近充分就业，各个行业苦于缺少劳动力。关于这一点，在发达国家中日本也是一个特例，也就是说属于结构上“低失业率国家”。而且很明显这种特征在今后随着人口的减少会一直持续下去。也就是说，日本劳动力人口急剧减少，老龄化在加剧，与此相反，迄今为止由人来做的工作将不断实现信息化，由计算机和机器人来代替人，这样就正好形成“业务本身的IT化”，数字化转型革命将得到推进。

纵观迄今为止的技术革新，其中多数产生的契机都是想方设法解决眼前的课题，不能解决眼前的课题就不能向前推进。当有种无法生存下去的危机感时，技术革新便产生了。从这个意义上讲，日本为了解决因人口减少而不可避免地发生人手不足的课题，不断向前推进数字化转型革命就是一条出路。我认为就算不考虑失业问题这一点，从世界角度看也是有利的，并且在技术进步方面也会有收益。而且，在日本国内进行技术革新，如果把技术转化为日本对外贸易的拳头产品，从而提高日本的国际竞争力，就可以在面临着人口减少的局面下，大力发展经济。这从历史上看，难道不是一次极其珍贵的划时代的改革吗？我认为“2030 年 GDP 实现 1 000 兆日元”设想的妙计就在这里。

提高中老年人才的流动性
——让优秀的人才转移到高速发展且人才不足的行业

目前虽说是老龄化时代，但关于人才的质量问题，日本可以说比世界其他各国更有利。为什么这么说呢？因为现在的中老年人，即 50 后、60 后，是接受过中等教育的一代人，年轻时经历过激烈的高考竞争。虽然针对他们有缺少创造性等指责，但另一方面，这些中老年人的基础学识在世界上也是头等级别的。终身雇佣制度虽然构成了人才利用率低和流动性差等弊端，但由于企业体系完备，他们作为实务人才的素质在国际上也相当突出。

如果针对日本这种独特的中等教育和终身雇佣型企业教育培养出来的高素质的中老年人才，重新审视论资排辈的人事制度，提高劳动市场流动性的话，则可以实现人才的活用。现在，“事实上作为终身雇佣制度延续的延迟退休”正在推进中，这可不是作为“代替国家社会福利制度”，而是作为“社会人才的活用制度”发挥作用的重要制度。

“延迟退休”是作为确保雇佣的一种制度发挥作用的，虽然有“抹杀”优秀人才的一面，甚至有一种指责说，它不仅不能活用优秀人才，而且促使他们不务正业。如果能够打破这个习惯，提高人才的流动性，就可以改变日本所面临的雇佣需求紧迫的状况，这样，优秀人才就可以从衰退的、低增长且人浮于事的行业转移到高增长且人才不足的行业。

如果中老年优秀人才能够转移到高增长行业，让他们充分发挥作用，日本经济开始好转就成定论。在推进从外部获得所需人才这样一种灵活政策的同时，再给他们以在这个企业不能发挥作用却可以在其他企业大展才华的机会，这样就需要一种对外输送人才机制的存在。

经济“大鳄”们的第四次工业革命

——无法预想的“新产业”的诞生

2017 年 3 月，“CeBIT”这个世界最大规模的国际信息通信技术博览会在德国的汉诺威市举行，这是一种每年都更换合作国的活动，2017 年的合作国是日本。以日本年为口号，在 3 月 19 日正式召开大会的前一天晚上，安倍晋三首相和安格拉·默克尔总理都参加了。此时开幕式上的主题正是“数字化转型革命”。德国开始大力推进“工业4.0”。“工业4.0”，换一个说法就是第四次工业革命。我认为，当时德国提出这个方针，未必捕捉到了第四次工业革命的本质。因为如果将它视为是为了制造业而进行的革命的话，就会搞错战略。

日本也有胜机。为此，我认为，需要理解“数字化转型革命”，而且要让更多的日本人理解现在正发生着什么，今后将要发生什么等这些问题的本质。

使用蒸汽机车实现机械化的第一次工业革命，用电力实现自动化的第二次工业革命，用计算机实现自动化的第三次工业革命，然后，第四次工业革命是通过IoT来使制造业更效率化的构想（图9）。

图9　第四次工业革命的本质是什么?

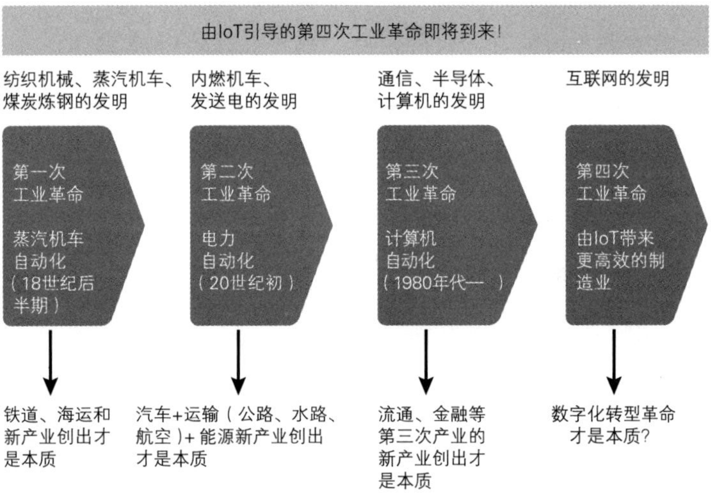

第一次工业革命是通过纺织机械、蒸汽机车、煤炭炼钢等发明实现的，它的本质，与其说是带来了制造业的自动化，不如说是诞生了铁道业和海运业等新的产业。然后，内燃机车的发明，或者说由于发明了发电和送电技术，第二次工业革命的本质是诞生了汽车产业、运输产业、能源产业，自动化本身并非第二次工业革命的本质。

接下来通信、计算机、半导体的发明不仅使制造业实现了自动化，同时也使物流、金融这些新的第三产业实现了大发展。这才是第三次工业革命的本质。那么，第四次工业革命的本质是什么呢？的确，互联网是核心，但我认为，在这次革命中会产生我们尚未预想到的“新的产业”，或者说现在的产业会发生巨大的结构变化，即实现“产业的数字化”——数字化转型革命——正是第四次工业革命的本质。

其萌芽已经在世界到处可见。表 2 归纳了一些超级有名的全球企业的动向。各家公司的经营项目各不相同，但相通的是各自都有一个清晰的宏图大略。画大饼是日本企业所不喜欢的，但在国际大企业中，那些领头的企业非常重视呈现伟大的梦想和广阔的视野。

而且，无论哪家企业，都尽力收集更多的数据，想方设法交到生意伙伴，同时下功夫在接口（与人的接触）上设置各种机关，这些都是那些企业的共通之处。也就是说，不仅在 IT 企业之间竞争，而且使用 IT 将用户企业带动起来，抱着尽可能多地拥有合作伙伴的期望，各个经济大鳄级的企业都有这样的设想吧。

表 2　全球企业的最新动向

通用电气：特别值得一提的是在喷气式航空器发动机领域里工艺的数字化。不仅向波音公司和空客公司供给发动机，最近还掌握多家航空公司发动机的分析数据。甚至还开发了登上风电涡轮机进行维修作业的机器人。

西门子：担任“工业4.0”的核心，推行智能工厂化。在工厂的生产线上设置检测器，与网络相连，为了提高效率，建立订货的多品种化和低成本的批量生产系统。将全部数据汇集到云，旨在实现供货链的最大合理化以及在工厂里杜绝浪费现象。

谷歌：正在开发从 AI 研究到完全自动驾驶，还聘请发明了“深度学习（Deep Learning）”的杰弗里·希尔顿，收购了东京大学首创的企业（后来卖给了软银）和开发阿尔法围棋的 Deep Mind 公司等。除此以外，还由自家公司开发了在“图形处理器（CPU）”之前的特别用于机械学习的半导体芯片“张量处理器（TPU）”。

脸书：聘请“深度学习”的专家杨立昆，设置 AI 研究所。除了开发主要用于帮助交流的 AI 以外，还进行 SNS 上的会话、识别照片图像等并分析研究。

另外，在 1 年内收购了与 AI 相关的大约 10 家初创企业，比其他公司先行一步，为企业组装“聊天机器人”这种服务。聊天机器人是“网上聊天（Chat）”和“机器人（Robot）”合起来的造词，通过文字和声音由 AI 自动进行会话的程序。

微软：致力于开发支援对话的 AI，在云服务的集合体“微软天蓝（Microsoft Azure）”上编入 AI 包，或者提供可以用声音进行“微软小娜（Cortana）”这种个人智能助理式服务，也开发自动会话支援工具。

亚马逊：于 2014 年比其他公司更早地销售一体机音箱对话设备“亚马逊回声（Amazon Echo）”（日本版也在 2017 年开始销售）。根据不同的声音，可以操作各种各样的家电，也可以自动回答问题等。

IBM：重视开发常用的人工智能的“沃特森（Watson）”并提供服务。沃特森把 AI 定义为“扩大智能（Augmented Intelligence）”，实行彻底的支援人类服务，与其他公司划清界限，包围合伙企业，与系统统一为伍，在金融领域提供云服务。

第 2 章

IoT 带来了历史上最大的增长

——“制造业的服务化”关系到实业

日本创生新闻

第2章

二〇三〇年×月×日 星期×

发行人：藤原洋

Nihon Sousei Shinbun

基础设施的 IoT 化正在加速

——IoT在医疗、物流、农业等领域得到实际应用

2030 年将变成这样

- 在政府主导下，各个产业将纷纷推进联网化，变成“联网产业”；
- “5G（第5代移动通信系统）”将普及，观看体育比赛、医疗救护和购物等生活情景会发生根本性变化；
- 日本的制造业不只是制造商品而后卖出，更要朝着服务的实业模式转变。

无线 IoT 进入实际应用

2030年5G技术如期到来，无线IoT因此也进入实际应用。支撑这个技术的是“边缘计算”（边缘指的是终端）。比如，在工厂的车间里放置计算机，用计算机进行数据分析，这样就可以实时操控。在2030年，大企业的技术资源都将是公开的，边缘计算技术可以在医疗、物流和农业等领域得到广泛应用。

IoT 对事故预防做出贡献！

——防灾探测器可以事先察觉到塌方

对提高建筑作业的效率也是有益的

IoT 救人。“3分钟后可能有坠落物”。安装在建筑材料上的探测器可以探知材料等的老化，通知即将进入隧道的汽车驾驶员，催促驾驶员快速避难。同时与急救中心实时共享信息，这样事后处理也不会滞后。由于使用 IoT，网络管理被简化了，不仅可以做到防止事故，还能够提高建筑作业的效率和缩短维修时间。

能够变革成为“联网的”企业和做不到的企业
——不能主动“联网”的日本企业家

正如在第 1 章中论述的那样，在第四次工业革命中，我们不曾想象过的“新产业”将会诞生。或者说，现在的产业将会迎来巨大的结构变革，“产业的数字化”，即我一直以来所认为的数字化转型革命将要发生。处于这场革命中心的就是互联网。互联网的本质是“自律”“分散”“协调”，无论哪个工种、哪个领域、哪种产业的企业都有必要面向这种以互联网本质为立足点的实业模式进行改革。因此，最重要的是如何将“单机”① 实业转为与互联网相连的实业？

丰田汽车公司宣布开发联网车，它的对手并非日产和本田，也不是大众和奔驰，也许就是谷歌和苹果。这样主张的正是丰田章男

① 单机（Stand Alone）：系统不依靠别的资源，单独发挥作用。用于计算机方面时，指即使不连接 LAN 等网络系统，也能单独进行文件管理、运算处理和印刷处理等工作。

社长。

经济产业省也使用“互联工业”[①] 这个词，并且致力于推进各种产业走联网化道路，但是真正理解推进联网化必要性的企业家到底有多少呢？这需要打一个问号，我对此抱有强烈的危机感。

为什么这样说呢？因为每次我去参加一般社团法人日本经济团体联合会（以下简称经团联）等企业家们的聚会时，当我说“社长，下次我给您发邮件吧”的时候，几乎所有人都会回答说：“请发给我的秘书吧。”

与日本这种只有少数企业家才会“联网”的情况相反，在国外，在商业场合与初次见面的人交流，一般来说都是通过脸书和推特等交换彼此的联系方式。宁可交换名片，也不会用 SNS[②] 联络的日本企业家在国外商业会场上不能不说比其他人落后一步乃至两步了。其中的典型代表除了日本企业以外，还有没能脱离胶卷产业的柯达公司。与数码相机的问世无关，柯达至今还依靠旧的实业模式，公司因此面临困境。可以说，在今后的时代里，如果不能做到将自己的实业模式实现联网化，要想生存下去是很困难的。

---

① 互联工业（Connected Industries）：经济产业省提倡的下一代产业结构。基于第四次工业革命带来的技术革新，为实现未来社会“Society 5.0”而创造新附加值、解决社会课题。

② SNS（Social Networking Service）：社交网络服务。这是一种在互联网上建立社区，促进人际交往的服务。Mixi、Facebook、MySpace 等公司较为有名。

即将踏入“5G”时代

——2020年就会实现，我们的生活将完全改变面貌

第四次工业革命的本质是数字化转型革命，而使它加速的信息通信的基础正是“5G（第5代移动通信系统）”①。迄今为止移动通信系统的发展经历了以下的变迁过程：

1G：20世纪80年代，模拟手机用；

2G：20世纪90年代，数字手机用，约为10 Kb/s，分欧洲、美国、日本三种制式；

3G：21世纪00年代，可以发送图片的数字手机用，1 Mb/s，美国制式CDMA2000、日本欧洲制式WCDMA；

4G：21世纪10年代，智能手机用，10 Mb/s，世界通用国际标准。

移动通信系统大约每10年进化一次，2020年开始可望使用5G。现在我们的智能机利用的4G频率主要在700～900 MHz，被称为白金频段②。这是一种即使有高楼阻隔也能迂回到达的电波，因

① 5G（5th Generation Mobile Communication System）：第5代移动通信系统，现在正在进行标准化的下一代无线通信系统。预计2020年将达到实用化阶段。

② 白金频段（Platinum frequency bands）：白金频率波段。指的是在日本，在用于移动机通信的频率波段中，700～900 MHz波段。

此它的信号很好。

5G的频率比4G还要高一些，据说可以使用3.6～6 GHz和28 GHz，它的通信速度大约是4G的100倍。只不过由于指向性更强，难以迂回，所以需要建更多的基地中心，而且需要设置“补缺”装置来帮助在电波难以到达的地方接受信号，这样一来在设备投资方面会花费时间和费用。对5G连接对象的设想是，它不仅应用于迄今为止的普通手机和智能手机，也适用于面向IoT的基础设施、探测器和控制装置等所有产业用设备。

5G通信将由“超高速（最大10 Gb/s）”来实现“大容量化”。通过使用5G，1毫秒程度的“超低延迟”和1平方公里内100万台同时连接的“多数连接”等均可实现。

那么，我们的生活据此会发生怎样的变化呢？

举一些具体的例子，如体育比赛的观看、医疗急救、购物、防灾和减灾的组织、去乡下生活、在街上散步、工作方式、汽车的交通事故防范和导航、汽车的作用、机场和火车站的生活情景等都将发生巨大变化。

平昌冬奥会场上的5G实验
——在东京奥运会上NTT将成为主角

面对2020年东京奥运会和残奥会，正在推进5G的引入，极力主张“在奥运会和残奥会上使用 5G”的是美国半导体厂商英特尔（Intel）。奥运会和残奥会的赞助企业英特尔，在 2018 年的平昌奥运会和残奥会上，也率先在速滑和雪橇等比赛场地上尝试使用了 5G。当时与英特尔联手的是韩国的 KT 公司（旧名为韩国电信）。2020 年的东京奥运会和残奥会上与英特尔联手的是 NTT 集团。NTT 也是东京奥运会和残奥会通信事业的赞助商。要说英特尔在平昌奥运会和残奥会上做了什么？比如，在速滑赛场上设置了 100 台摄像机，在会场上配备独家的 5G 终端，可以从各个角度呈现充满现场感的画面。观众可以从自己想看的方向观看到运动员的动作。

预测 2030 年的电波政策

——为适应 IoT 时代的发展，需要不断进行数据更新

目前电波的无线通信成为主流，但是仅仅在几年前还是以有线光纤为主流的。无线通信技术的传输总容量比有线光纤大约迟了 5 年，但可以说几乎已经追平了。所谓电波，指的是频率低于光速（即波长更长）的电磁波。光是人用肉眼可以捕捉到的，所以又称可见光，长度为 400 ~ 760 nm（纳米）。肉眼可见的波长最短的呈紫色，最长的呈红色。人只能看见从紫色到红色的光，至于波长比紫色更短的紫外线和波长比红色更长的红外线，人无法用肉眼看见。而波长比红外线更长的电磁波就是无线电波，电磁波由电能和

磁能相互交替传递构成，波长不同则性质各异，波长很长的电波就在地面上往来穿梭，还可以绕过高楼。AM广播被称为地上波，由于它是从地面上传过来的，因此即使有障碍物也听得见。FM广播使用的是高一些的频率，因此只能在有限区域内才能收听到。

这种电波是公共财产，所以国家（日本是总务省）管理着使用权限并收取使用费，约八成的电波使用费由网络运营商负担，电视台支付的还不足一成。电波（频率）的分配比例是，一半以上为网络运营商，一半不到为电视台。为什么同样使用电波，却有如此大的不同呢？那是因为电视台仅仅靠发射塔发送电波，而对于网络运营商来说，每部手机都在发送电波，因此在物理学角度大量使用电波的是通信公司。另外，电视台是为公众播放节目而使用电波，所以不能播放违反公共道德规范的内容，播放的节目都要经过节目审查委员会的审查。

另一方面，手机通信要求保密，所以个人说了什么，发送了什么，按法律规定任何人不得干涉。因此，电视台播放色情节目为法律所禁止，但是用手机发送色情内容是可以的。由于发送内容方面的自由度高，可以自由赚钱，有人认为网络运营商的负担大也是理所当然的。可是网络运营商对这样的收费标准并不满意。

将电波分配给什么样的公司？使用费标准怎么定？或者说让哪些企业退出电波事业？为了设计使用电波的制度，总务省曾召集有识之士开设会议讨论，我本人也是参议员之一。

电波是有限的公共资产，也是国民的共同财产。怎样有效地利用它？这可是一项非常重要的讨论课题，如何让已有的标准顺应 IoT 时代进而不断更新？这的确需要充分的讨论。顺便一提，2030 年应该实现的电波利用系统，将涵盖以下内容：

① 后 5G 系统

② 无线 IoT 系统

③ 下一代移动系统

④ 无线电力输送系统

⑤ 下一代卫星利用系统

⑥ 下一代影像终端系统

⑦ 下一代公共防灾系统

用日本独特的 GaN 技术引领 5G 设备的研发

——与诺贝尔物理学奖得主合作，为半导体产业、信息通信产业做出贡献

从 2018 年度开始，以电波使用费为资金来源的总务省研发项目正式启动。该项目的产学合作组由产业界的 Broad Band Tower（代表研究机构）、NTT、松下半导体开发研究室，以及作为学术研究机构的名古屋大学、东京工业大学、东京大学、名古屋工业大学、信息通信研究机构等组成。项目始于我同我的好友、名古屋大

学教授天野浩之间的一次谈话，内容是关于他与京都大学名誉教授赤崎勇（这两位于2014年获得诺贝尔物理学奖）共同发明的GaN（氮化镓）的材料特性。我从天野先生处了解到，在高速运动的半导体化合物中超过硅的GaN具有以下特性：①高热导率且有很好的放热性；②在高温情况下运作也是可能的；③电子的饱和速度快；④绝缘破坏电压高。

因此，我提出GaN可以应用在迄今为止一直受到关注的5G上，立刻接到了“请您在名古屋大学举行的GaN研究国际财团大会上做主题讲演吧”这样的邀请。于是在2016年12月14日，我就5G的可能性问题进行了详细阐述，后来就有了我试图申报总务省的研发项目一事。而且，在2018年6月20日该项目成为年度6项获批项目中受关注度最高的一个。

GaN比20世纪80年代发现的蓝色发光二极管材料的核心部分硒化锌（ZnSe）的特性更好，这一点从理论上搞清楚以后，却因找不到高质量结晶的制造法而搁置了。发明它的正是天野、赤崎、中村修二3人。就像诺贝尔奖的评论所说的那样，GaN的制造法是领先世界的日本半导体技术。GaN是一种具有优质特性且极其稳定的化合物半导体，它在蓝色发光二极管以外的领域也有广阔的应用空间。虽然这次的研究项目预计在3年内完成，但我坚信今后在成为世界信息通信基础的5G方面，日本引领世界的机会一定会到来。我身为该项目的代表，在略尽绵力的同时，更加强烈地希望日本的半导体产业、信息通信产业能够大放异彩。

讲究市场原理的欧美，重视既得利益的日本

——乐天的加入使竞争急剧升级

说到国家关于电波的政策，在引入 3G 时，美国和欧盟都有失败的一面。20 世纪 90 年代后半期，行业的准入许可按照市场原理进行，由于引入电波拍卖①，企业为获得许可需要负担几兆日元的费用。这样做的结果是，虽然政府的财源得到了扩充，但是企业为了获得最重要的许可而投入大量资金，导致设备投资很难进行，3G 的引入就此迟缓。

日本的情况是，通信行业的企业仅限 NTT DOCOMO、KDDI（AU）、J-Phone（现在为 SoftBank）这 3 家，因此没有引入拍卖制度。对此，既有赞成的呼声说，没有采取拍卖制度的好处是加速了许可的取得，相反，也有批评意见表示，这让那些既得利益者占了便宜。

实际上，2015 年高市早苗女士任总务大臣时，手机使用费过高的批评声音高涨，政府于是向以上 3 家手机网络运营商发出改正的通告，要求他们取消“实际 0 元”的销售方式，同时降低手机使用

① 电波拍卖：为了有效利用有限的公共财产——电波，以拍卖的形式将频率波段地区的利用许可卖给电力通信公司，并允许其开展通信业务。美国的移动机通信公司于 1996 年首次采用。其后，被欧洲各国从第 3 代手机开始采用。

费。我本人也曾对纽约和巴黎的手机使用费做过调查，相比之下日本的手机使用费确实不便宜。

美国和欧盟在那以后依然按照市场原理继续执行拍卖制度，他们想出了设定上限的方案。那么，欧美为什么那么重视市场原理呢？就是因为考虑到会有新加入的公司参与该领域的竞争，这样才能够让竞争发挥良性作用。

与此相反，日本的既得利益者强势地盘踞在市场上，导致很难有新的公司参加竞争。虽然这种情况不仅限于手机行业，但乐观点想，还有改良的余地。2017 年 12 月，乐天公司发表声明说要开展手机业务，总务省当即表示欢迎，可是今后随着竞争的加剧，通信费用会不会下降也很值得关注。

实现 IoT 的技术革新“IP version 6”

——对应 340 涧①的“物”的 IP 地址

“IP version 6”（以下简称 IPv6）和 5G 一样，也是实现 IoT 化的技术革新。现在使用的 IP 地址是“IP version 4”（以下简称 IPv4），地址空间为 32 比特。互联网把收件人地址和发件人地址连接并传送数据，由于收件人地址是 32 比特，所以是 2 的 32 次方，

① 数词单位，表示 10 的 36 次方。

那么 IPv4 只能识别大约 43 亿用户。

由于以上地址空间无法覆盖超过 70 亿的世界人口数，所以从很久以前 IP 地址枯竭的问题就已经被提及了。目前，世界的互联网人口相当于世界总人口的一半左右，大约是 35 亿，IP 地址还是够用的，可是，当用 IoT 将 IP 地址分配给“物”的一瞬间，不够用的可能性就会陡然增加。如果换成 IPv6，则变成 128 比特，那么就是 2 的 128 次方。“兆”之后是“京”，这个大家都知道，还有“垓”“秭”“穰”“沟”“涧”，2 的 128 次方约为 340 涧。如果有这么大的容量，那么即使给“物”分配 IP 地址也不会存在枯竭的问题吧。

128 比特的 IPv6 在 1992 年前后就已经在日本举行的互联网国际会议上首次被讨论了，庆应大学的村井纯教授是那次讨论的核心人物。当时，很多人还怀疑说是否需要那么多的 IP 地址。过了一段时间，智能手机普及以后，特别是随着人口众多的亚洲和非洲也参与使用以后，就出现了 IPv6 实用化的技术革新。这个技术革新也是实现 IoT 化的一项巨大突破。

DOCOMO、KDDI、SoftBank 都已转向 IPv6
——产业结构发生惊人的变化

智能机在全世界的普及必将有助于 IoT 的普及。因为智能机就是 IoT，它是传感器的集合。GPS[1] 就不用说了，还有蓝牙[2]，位置传感器，再到加速传感器，这些都在智能机里面。据说，目前利用互联网的地址空间已经超过世界人口数，到 2020 年预计连接到互联网的物品数量将达到 304 亿，这在 5 年前是根本无法预料的。

IPv6 并不是未来的话题，而是已经被实际应用了。比如，它已经可以应用于 Windows 和 Linux 等操作系统。虽然手机网络运营商在使用 IPv6 的服务方面是滞后的，但在 2018 年，DOCOMO、KDDI、SoftBank 这 3 家企业共同开启了面向全部机型的 IPv6 服务。这也可以说相当日式了。迄今为止，只识别 V4 的 IP 地址的中转设备路由器，今后 V6 的 IP 地址也可以识别了。

顺便一提，路由器装置在世界上排第一位的是思科系统公司。日本制造的能够生产路由器的支柱企业只有 ALAXALA 网络公司。这家公司由日立制作所和日本电气（NEC）共同出资成立。可是，2018 年 1 月日立制作所将自己所持的全部股份卖给了投资基金的日本产业合伙人（JIP）。

日立公司位于横滨市户冢区的工厂曾经是通信设备的主力工厂，过去曾向 NTT 提供 1 台高达 10 亿日元的交换机，以及传送装置等。但是，自从互联网进入全盛时代以后，订购量锐减。互联网

---

① GPS（Global Positioning System）：全球定位系统。人造卫星通过电波测定地球上的实时位置的装置。

② 蓝牙（Bluetooth）：以近距离输送数据为目的的一种无线技术标准。近年来，搭载在很多智能机、电脑、音箱等上面。

时代是需要路由器的。为了与思科系统公司和瞻博网络公司这两家大型计算机设备公司相抗衡，在经济产业省的斡旋下成立了 ALAXALA 网络公司作为“日之丸路由器公司”。即便如此，还是没有如愿以偿地夺回市场占有率，貌似日立公司最终还是放弃了。我本人很支持取名国旗象征的 ALAXALA 网络公司。纵观这一始末，我们不难看清产业结构正在发生惊人的变化这一事实吧！

IoT 市场在大约 10 年内增长 4 倍
——没有一家企业能够违背“从拥有到利用”的潮流

在 2017 年大约为 6.2 兆日元的 IoT 用户消费总额，到了 5 年后的 2022 年预计将增至原来的 2 倍，即 12.5 兆日元。那么这 5 年间的年平均增长率（CAGR：Compound Annual Growth Rate）是 14.9%（IDC 日本）。我预测再往后推算 5 年，市场同样将扩大 2 倍。也就是说，到 2027 年将增至现在的 4 倍。

我认为 IoT 的优势将惠及所有产业，也正因如此，有必要推行产业的数字化。只有推行了数字化、联网化、IoT 化的企业才能够在各自的产业中生存下去。当然，不想失去现有的实业模式和既得利益，拒绝实行与时俱进的更新的企业，也许会有其他路可走吧。但是，在那样的道路尽头是不可能看到曙光的。

比如出租车行业，像优步那样的网约车服务也是 IoT 的一种，而出租车行业却反对它。不过，从实际情况来看，据说出租车的实际载客率已经不足50%，说明半数以上的出租车是无客的空车。这样一来，从能源方面来讲，或者从驾驶员的工资角度来计算，都是一种浪费。

汽车本身在工作日基本也都停在停车场里。如果认为这也是一种浪费，从而顺应“从所有到利用”的规律，推行IoT化的话，汽车的利用率就会提高，那么车辆数即使只有现在的几分之一也已经足够了。这样想来，汽车生产商以前只考虑一味地大量生产汽车，可是毫无疑问今后所需要的车辆数肯定会减少，所以需要变革实业模式。那就是我之前提到过的MaaS，即要求从汽车的“制造业”向汽车的“服务业”变革。

无论是出租车公司的经营者，还是汽车生产厂家的经营者，比起惧怕失去现在的经营模式和既得利益，更应该动脑筋想一想如何有效地增加汽车的利用时间，并且实现数字化、联网化、IoT化。当然，这些不仅限于汽车行业。既然整个社会都在朝连接互联网的IoT方向发展，那么就没有企业能够逆着“从拥有到利用”这一潮流前进，能否比世界上的其他企业更早地做出应对便成了胜负的关键。这就要求企业有必要对照“用户至上”原则，重新思考自己的经营模式。

销售之后依然继续提供服务的通用电气（GE）
——追求“制造业的服务化”

那么，为了能与全球化企业相抗衡，日本企业需要采取的战略有哪些呢？

就制造业而言，不仅仅是制造商品然后把它卖出去，而应该向提供服务这一实业模式转变，我认为这也是一条出路。举 GE（世界规模最大的电器厂家）为例来具体说明吧。GE 也许是参考航空器的喷气式发动机领域所进行的“制造业的服务化”，从而得到了改革本公司实业模式的灵感吧。

GE 的喷气式发动机即使在组装到航空公司的飞机中之后，也可以通过 IoT 在 GE 的中心掌握发动机和零部件的状态，在发生故障前发出更换零件的提示，或者根据发动机燃烧效率的数据向航空公司提供选择节约燃料的航线的建议，GE 把这些服务当作实业模式的一部分。

他们把向波音和空客出售发动机这样的一锤子买卖，转变为即使买卖成交之后也依然为这两家公司提供服务，即通过 IoT 继续收集发动机在航空领域使用的数据，并把这些数据存储和累积起来，为今后的售后服务提供有效和必要的参考。为了做到这些，最重要的是事先想到产品被使用的情景，将 IoT 有效地嵌入进去，在制造阶段就掌握如何提供令用户满意的服务。

制造业从单纯的生产与销售模式改革为提供良好的售后服务，这样一种实业模式是在IoT时代里生存下去的方法之一。GE的营业额有大约3/4都是来自这样的服务，我想这已经足够说明这种模式的可能性有多么大了。

经济团体联合会中有大约一半的企业都属于制造业，只占日本GDP不到两成的制造业竟然在其中有半数之多，如果经济团体联合会主导制造业的服务化，那么日本制造业的数字化转型革命就会向前迈进了。

小松为什么能够成功转向服务化
——意想不到的事件却促成了IoT化的实现

在制造业中成功实现服务化的日本企业是建筑机械制造厂家的小松（小松制作所）。那么，小松的建筑机械为什么就成了联网的建筑机械呢？原来最初是为了防盗。有一段时间，小松的推土机和挖土机等建筑机械在建筑现场数次被盗，犯人用这些建筑机械去破坏ATM机以便偷取里面的现金，这样的犯罪事件频发。这时，小松接到警察厅的要求，必须采取防范措施，防止建筑机械从建筑现场被偷走。因此，小松决定给每台建筑机械装上GPS，这样至少能够掌握它们的位置，可结果却让建筑机械的成本上升，小松开始赤字了。

虽然企业受社会责任驱使安装了 GPS，但由于与互联网相连而改良成为联网建筑机械，小松开始了他们的维修服务。定期检修规定对所有零件进行检修，但其中也有无须检修的，联网建筑机械实现了在线实时维修服务，减少不必要的维修从而提高效率，为公司带来收益。这可以说是一个意想不到的实现建筑机械 IoT 化的例子。对于小松公司来说，虽然“因祸得福，反败为胜”，但为了做到这点，光靠运气是不行的，还需要有智慧。小松这种实业模式的转变，其他企业无疑也可以做到。

日本的制造业要向富士胶片公司学习
——在技术革新转换期要求做出经营判断

制造业服务化的原点是印刷机器制造销售大户施乐公司。施乐公司的复印机上带有计数器。看到计数就知道复印纸张的数目。把销售复印机变为租赁，用每个月的租赁费来进行维修。这可以说是一种比普通纸复印机的硬件发明更有价值的实业模式。毫无疑问，模仿这种实业模式的是佳能公司和理光公司。2018 年 1 月宣布与施乐公司进行合作经营的是富士胶片公司。富士胶片公司也是遭遇从模拟胶片到数字胶片的变化，失去了全部的既得利益。虽然柯达也在产业结构的转期，但在技术革新转换期的经营判断发生了 180 度大转弯。

现在可以说，日本企业，其中包括制造业，都与富士胶片公司面临相同的状况，被迫需要做出改变实业模式、实业结构的决定，为了生存下去，变革迫在眉睫。

热衷于生产线上实现 IoT 的丰田
——使用 IoT 在更高水平上实现“KAIZEN（改善）”

制造业有必要在推进服务化的同时，在制造的现场即工厂里推进 IoT 化。在生产线上使用 IoT 的目的大致分为两个。那就是效率的提高所带来的成本削减和质量的提高。具体来讲，就是在生产线上的各个环节设置传感器进行检测，对得到的数据进行分析。比如，经过检测发现，“与原来的方法 A 相比，新的方法 B 可以将不合格率降低 0.5%”。

根据检测的数据，可以发现制造方法和结果之间的关系，这样既可以降低不合格率，还可以提高速度和产品品质。其实，所谓的 IoT 就是一种传感器网络系统，通过抽取生产线上的产品，实施至今不被了解的相互关联的模式。那么，IoT 是怎样实现提高效率从而达到削减成本和提高产品品质的呢？降低了成本，并且产品的品质提高了，销售额就会稳定，这样，利益也就增加了。为此，就要考虑如何让传感器、互联网和收集的数据等发挥应有的作用。

丰田汽车集团对在生产线上使用这样的 IoT 非常用心。仔细阅读德国的“工业 4.0”的内容，会发现罗马字母拼写的“KAIZEN

（改善）”字样。2017 年 6 月，总部设在荷兰的国际会议协会（ICCA）在福冈召开，会上我做了主题讲演。当时演讲的题目也是“KAIZEN”。为什么选择“KAIZEN”呢？因为我经过多方调查发现，国外的生产厂家都对丰田的生产方式高度关注，毕竟丰田生产方式是世界制造业的典范。

德国是一个非常理性的国家，好的东西，哪怕是日本的，他们也要学习并引进，他们正从根本上学习丰田生产方式。并且，使用 IoT 意欲在更高的水平上实现“KAIZEN”，这就是工业 4.0。

丰田生产方式是世界制造业的标准，今后将通过 IoT 实现“KAIZEN”。这是世界制造业减少痛苦并在竞争中取胜的必由之路。可以说，丰田作为防守冠军，今后能否继续守住制造业之王的宝座，丰田自己更清楚，所以他们对生产线的 IoT 化和联网车的开发非常用心。

选择开放还是封闭

——凭借“秘密主义”不可能实现 IoT 的真正活用

丰田公司在以前也是极其保守的。当时他们的态度是：“IoT 时代到来了！要加快推进 IoT 化，但是详细内容严禁向外部泄露。”然而，因为互联网是“连接网络的网络”，所以才称其为互联网，这和国与国之间被叫作国际是一个概念（只有一个那叫国家）。单个的封闭网络要多少有多少，问题是它们每一个都不与其他网络相连，那么把那些单个的网络全部连接起来后形成的就是互联网。

也就是说，只在工厂内部，仅限于1家公司内的封闭的IoT是不存在的，那不过是为了下指令而组成的单个的网络而已。如果是那种封闭环境下的IoT，并不能充分发挥它的功能。将工厂里检测到的数据向合作公司和贸易伙伴公开，试图寻求与对方在各个生产系统方面的合作，这就只能依靠使用互联网的IoT才能做到。有这种想法十分重要，出乎意料的是，大家并不明白。也就是说，只有1家公司的所谓“秘密（封闭）主义”，是无法实现真正的IoT活用的。

比如，微软和谷歌的想法就完全不同。微软的软件源代码是“秘密”，与此相反，谷歌几乎全部是开放的，在公司内拍照都是自由的，什么都不保密。谷歌是互联网企业，但微软则有些不同。亚马逊是互联网企业，企业也是因为诞生的时代不同而不同。就经营方式而言，过去保守主义时代的企业经营方式与互联网这个开放的网络时代的企业经营方式大相径庭，这也是理所当然的。

那么，为什么将信息公开是好的呢？因为只有那样才会收集到更多的信息。信息具有集中在发信处这样一个特性。如果不发出信息，只是一味地收集信息，那么早晚有一天信息就不会集中到你这里来了，这是理所当然的事情，因为愿意向不给予自己信息的人发送信息的毕竟是少数。

可是，日本大多数企业只是发出指示说：“把其他公司的信息多多收集过来。”自己公司内部的信息则不向外部泄露。我认为，这本来就是一种奇怪的做法，典型例子是 1982 年发生的 IBM 产业谍报事件。据说是日本厂家的员工偷盗了美国 IBM 的机密信息，做了 IBM 的 OS（操作系统）的备份。而且，考虑到那还是当时使用了通商产业省的基金研发做出来的大型计算机项目，当然也可以说是整个国家都构成了产业间谍，这样日本也不能说中国的坏话。

自己的事情都保密，然后去盗窃其他优秀企业信息的做法是不公平的。即使不是那样，那么至少模仿欧美企业的做法和产品，试图追上欧美企业，如此成长起来的日本企业也不在少数吧。也许就是这样，今天很多日本企业依然以保守主义的名义，不把自己的信息发送出去。虽然非常遗憾，但这就是日本企业的现状。

生产现场不是“云”，而是“边缘”
——实时控制现场

话题回到在工厂的制造现场实施 IoT 上来吧。

把使用传感器等收集到的数据放在哪里，在什么地方进行数据处理呢？首先想到的是云技术吧。通常会把数据收集到云存储上，使用云技术进行智能数据分析。有一个词叫作“云计算（Cloud Computing)”，这是从用户的计算机输入信息，再把信息集中存储在云中，从而进行统计处理和分析。

以人为对象时，云技术就足够了，可是工厂里的 IoT 用云来判断则会出现跟不上的现象。比如，“10 毫秒之后，对某处做出控制操作”这样一种实时性操作在工厂系统中是需要的。云计算作为工厂生产流程的检测控制系统，无法直接使用。因此而登场的是“边缘计算（Edge Computing）”。所谓的边缘就是终端的意思，在工厂等现场放置好计算机，然后进行数据处理，这样一来，就可以做到对现场的实时控制。因为这样通信延迟会是云计算的大约 1/100，所以可以将实时性提高到极限。

思科系统不把它叫边缘计算，而称为“雾计算（Fog Computing）”，但基本结构是一样的。Fog 即雾，比云计算的云更接近于用户。亚马逊和谷歌与生产现场关系不大，所以它们只能做云计算。在日本企业中，以制造出生产控制用计算机系统的日立公司为首，三菱电机和东芝也扬言说“该轮到我们了”，所以他们也开始着手于边缘计算。在这个领域，从世界角度来看，日本企业的确应该下大力气了。

何时才能引入 IoT 系统

——各地的工厂到 2030 年左右将真正引入

日本各地依然存在着大量中小型的工厂，今后，这些中小企业为了生存下去，实行 IoT 化将是必然的趋势。之所以这样说，是因为工人在减少，劳动力不足的问题越来越严重。想要把现在由人做的工作用计算机代替，需要推进 IoT 化。还有，通过数据处理找出迄今为止没有搞清楚的相关关联也是很值得考虑的问题。

尽可能以较少的劳动力来提高生产性，这对于经营来说十分重要。通过实施 IoT 减少人工费，使生产流程简化，降低成本，与此同时，从数据中发现某种关联性，进而提高产品品质。这一点，无论是大企业还是中小企业都是一样的。这时，困难的是为了实现 IoT 化而投入的成本问题。大企业有资金能力，同时为了推进 IoT 化设置了研发部门。相反，许多中小企业既没有资金能力，也没有研发部门。

现在讲述一下我还在 IBM 公司工作时发生的一件事情，购买我们的计算机系统的企业都是丰田汽车和松下电器产业（现在的松下公司）等大企业，因为价格太昂贵，中小企业根本买不起。如果依赖操作边缘计算系统的大型电机厂家，那么最低也需要数亿日元的庞大资金。这个金额是中小企业无法负担的。随着技术的进步，我认为，不管怎样，只需要几百万日元就能引入 IoT 系统的日子会到来的，大概开始于 2025 年吧，真正实现也许要到 2030 年以后。大企业的工厂会更早些，我认为革新会从 2020 年开始，IoT 系统的引入会使工厂焕然一新。

物流领域的人手不足可以靠 IoT 来解决
——从人不在家的再次投递到规定去便利店领取

从人手不足的问题可以通过 IoT 来解决的视角来看，物流也是一个可以期待的领域。在以前，通过把 IC 标签贴到货物上的方法来记录流通路线，提高物流管理能力进而实现效率化，但这种做法没有得到普及。因为 IC 标签的电波到达的距离短到只有数十厘米，没能很好地被利用。因此，用于 IC 标签的频率范围没怎么得到使用，这样就不得不再次配置电波，现在，它和被称为白金频段的 4G 手机使用相同的频率地区。

IC 标签没有被充分利用，但如果使用通信能力高的 IoT 的话，无论对于顾客来说，还是对于物流公司来说，都期待着它能创造出方便性极高的系统。现在无法知晓正在传递的货物的确切位置，最多只能说出“在 A 物流中心与 B 集散分发中心之间传递着”这样的信息。如果这些用 IoT 可以准确定位的话，也许就可以在运输途中指定一个便利店作为取货点。

如果能够开发出使用 IoT 进行自动识别货物去向的系统，就可以实现物流中心工作的合理化，因为是机器而不是人在工作，所以即使深夜和清晨都能进行货物分发。此外，送达顾客家里的货物最大的损失就是由于本人不在家而导致的二次送货，如果取货人与货物能够通过互联网连接，就应该能够实现 100% 的送接货流程。

大和运输与 DeNA[①] 合作，从 2017 年 4 月开始至 2018 年 6 月使用“机器猫大和”这种自动驾驶车辆进行下一代物流服务的实证实验。如果说这种做法是为了解决快递员人手不足的问题，那么在 2018 年预定进行旨在解决远距离快递车辆驾驶员不足问题的实证实验，被称为“后续无人列队驾驶”。这是一种由 3 台卡车组成的车队，第一辆卡车由人驾驶，第二辆、第三辆则无人驾驶，这种设计开发由国土交通省负责研究。

现在的物流需要许多人手，所以存在着严重的人手不足问题，如果发挥聪明才智，发明由 IoT 代替的系统就成为可能。我认为答案不是一个，而是多个。为了寻找到答案，重要的是需要经过实证实验这种尝试以及反复的失败才行。

在自动驾驶领域 IoT 比 AI 更关键

——V2X 开发的先进企业 Autotalks[②] 是个什么样的公司

虽然世界各地都在进行着自动驾驶的实证实验，而谷歌、优步和特斯拉等都发生了过失事故。经过分析这些事故，得出的结论是 AI

① 日本著名网游公司。

② 以色列芯片制造商。

具有局限性，也就是说“深度学习”已经达到了极限。关于 AI 和深度学习的问题我将在下一章详细论述，所谓深度学习就是要不断积累经验，通过增加储存数据的量来提高准确度这样一种算法。这和以 4 胜 1 败赢了被称为围棋世界最强的李世石的“阿尔法狗”相同。问题是此时的“1 败”，由于李棋手打出了定式之外的一个无法预料的招数，深度学习的算法就露出了破绽，于是阿尔法狗就输了。也就是说，如果被打出从没出现过的招数，计算机就显得弱了。

同样，当人和动物在道路上做出预期之外的动作时，自动驾驶的车辆就会出现事故，然而在一般道路上出现无法预测的人和动物的行为再普通不过了。因此，马上引起注目的是“V2X”这种技术。V 是车（Vehicle），2 是“to”，X 是“V 与 R（Roadside = 道路）”。车与车之间的通信是“V2V（Vehicle to Vehicle）”，车与道路之间的通信是“V2R（Vehicle to Roadside）”。V2X 指的是车与车之间的通信、车与道路之间的通信等技术。

V2V 技术主要是为了防止撞车，即使在汽车死角且视线不好的十字路口，也可以做到事先知道左右方向开过来的车辆，通知驾驶员“有车辆接近”，这样就可以防止撞车。自动驾驶时，通过车与车之间的通信，各自减速，就能够在十字路口防止撞车事故的发生。V2R 技术是用传感器来测量车辆与左右道路之间的距离，通过控制前进方向，实现安全驾驶。如果遇到急转弯，能够防止与侧面墙壁相撞，也不会跑到对面车道上去。

V2X 是自动驾驶中的关键技术，这个技术可以提高安全性，可以说这种车与车之间的通信以及车与道路之间的通信的运用保证了从物理上正确计量的自动驾驶，比靠经验数据进行预测的 AI 驾驶在安全性方面显得更高。也就是说，在自动驾驶技术上，计量技术比 AI 更重要。

这样的 V2X 技术开发比较先进的企业之一就是以色列的车载零件开发商 Autotalks。很早以前这家公司就打入日本了。它在神奈川县的相模原市设立了驻日本办事处，爱知县的名古屋市也有一处。提到名古屋，我们就想到丰田，接受丰田公司基金会出资，为丰田提供汽车零部件的电装公司采用了 Autotalks 的技术，该公司还采用生产电子测量器等的安立技术。

谷歌善于处理堵车信息的理由
——拼车也变得高效率、高水平了

目前的道路交通信息系统（Vehicle Information and Comuunication System，以下简称 VICS）是从设置在高处的电波发射塔发射电波，凭借它的反射来判断是否有车辆通过。这个系统装入车载导航中便可以提供堵车信息和到达目的地所需的时间，以及停车场的空车位状况等信息。因此，将等待进入超市停车场而排列着的车队误判为堵车信息的情况也时有发生。不过，如果进行合理的统计处理，这种误判就会逐渐减少，最终趋向于准确。凭借这种 VICS 进行道路监测的系统已经积累了实际的业绩，再将其功能进行扩大，提高性能，就可以做到提高 V2X 的准确度了。

顺便一提，谷歌处理堵车信息很高明，他们的方法是不用 VICS，而是通过安卓系统（移动设备的操作系统）收集手机的 GPS 信息，分析移动速度。它先区别是汽车还是人在走路，然后根据汽车的数据将移动速度迟缓的区域界定为“堵车”。充分利用我们手里拿着的手机里面的 GPS 信息真是一个聪明的做法，利用这个方法就不需要在道路上安装设备了。因为基础设施建设需要花钱，在分析堵车信息方面谷歌的这种利用方式正在被复制。

而且，就汽车与 IoT 的关系而言，可以预见优步将通过抢先利用 IoT 不断扩大其在网约拼车领域的服务。日本由于有规定，所以网约拼车服务还没有普及，但是如果汽车与互联网相连，从而实时地发送位置信息的话，乘客和车辆就会瞬间在地图上显示。现在，在纽约等网约拼车服务发达的地区，据说不用等 10 分钟，客人所叫的车就会被派到客人身边来，这种等待时间今后将会越来越缩短。无可争辩的事实是 IoT 正在对自动驾驶安全性的提高和网约车服务的效率化以及高水平化做出它的贡献。

网络管理可以对建筑现场的事故做到防患于未然
——安全性自不待言，还能缩短工期从而降低成本

建筑机械恐怕会比汽车更先实现自动驾驶。为什么这么说呢？

因为它不受道路交通法规的制约，而且那些难以预测的人和动物也不会进入到建筑现场。首先做到让建筑机械联网的小松公司也在自动驾驶和远程驾驶方面进行研究开发，在这些领域里它处于领先地位。

此外，不只是建筑机械，他们还在每个建筑材料上面安装了通信机器，通过这样一种实时管理现场状况的方法，来提高工作人员的安全性。以前，在建筑现场发生过高空坠物致人死亡的事故，那么目前，这样的事故便得到了防患。用IoT对建筑现场进行网络管理的话，作业也就变得高效了，既提高建筑速度，又缩短了工期。于是，不仅是安全性得到了保证，而且通过缩短工期使得成本也降低了。

进一步来讲，也许还能使建筑材料和建筑物老化的问题得到解决呢！比如，在中央公路的笹子隧道发生过天花板掉落的事故，如果事先安装好传感器和通信设备，实时地掌握现状的话，就可以弄清裂缝和老化的地方，从而进行适时的维修。

GE公司在制作飞机发动机阶段就通过IoT进行零部件等的维修服务，与此相同，如果对建筑施工时通过IoT进行对材料的检测和维修，建立IoT建筑物的统一规格标准，则安全性就会有更大的提高，不仅如此，以后的维修服务工作也成为可能。

久保田所热衷的农业也可运用 IoT

——对农业的支援可以实现“赚钱的农业”

农业也是受老龄化和人手不足所威胁的产业。根据农林水产省在 2013 年度所做的关于农业结构动态的调查，从事农业生产的人员有六成是 65 岁以上的老年人。根据市场调查公司按照其种子计划在 2016 年所做的调查，农业实现 IoT 化市场的规模在 2015 年的时候大约是 165 亿日元，而预计到 2020 年将增加 4.5 倍达到 732 亿日元。

首先在农业领域实施 IoT 技术的是农业机械生产厂家久保田公司。久保田公司为了将来想扩大经营规模的农业生产者着想，开始启动了“KSAS（KUBOTA Smart Agri System）”[①] 这样一种支援农业的经营系统。在充分发挥联网农业机械的作用后，可以将位置信息、作业信息、肥料控制、农作物的生长状况、收获、栽培记录等信息集中在 KSAS 的服务器上，做到将每天的作业情况实现“可视化”的同时，久保田公司分析了这些信息，农业机械的维修就不待言了，还可以提供作业计划和栽培什么作物这样的栽培方案等。

日本的农业存在着一个大问题，那就是无法实行大规模化。这

① 久保田智能农业系统。

个问题将由 IoT 来解决，如果大规模化经营的农户增加，将不仅仅满足国内需求，甚至可以出口至国外。那么将来就可以实现“赚钱的农业”。因为久保田公司是生产农业机械的厂家，当然对农业了如指掌。而且他们拥有广大的客户群体，熟知农户们需要什么样的信息，以及为了实现赚钱的农业最重要的信息是什么，等等。

另一方面，IT 企业打入农业领域的例子也是有的，但是我并没有怎么期待。因为由熟知建筑现场和农作物的生产现场、同时又是专业机械厂家的小松和久保田来推进 IoT，成功率会更高。当然，还有一种趋势是信息通信产业参与各种各样的产业领域，但是我还是认为专业机械厂家的服务化、制造业的服务化更能体现 IoT 的本质。可以想象在将来，久保田公司的这种实业模式也会转变到支援农业经营的“农业经营支援系统”上来。比起只卖农业机械，继续提供服务才可以做到扩大收益基础吧。

电子病历卡的标准化亟需解决

——远程医疗系统是否能够成为现实呢

在医疗和护理的工作现场也存在着严重的人手不足问题，有很多医师、护士、护理师们都处在严酷的工作环境下。一方面，地方上的医师不足，另一方面，由于各个大学的医学院扩招，出现了令人担心的城市里的医师饱和的状况。为了解决这些问题，可以大力推进本国的诊所和养老设施以及各地的中心医院、长期疗养院等都能发挥各自的专门机能，而且即使是在医师不足的地区，也可以通过推行中心医院与诊所灵活使用 IoT 的方式来使远程医疗系统普遍化。但是，此中最为关键的电子病历卡的标准化在日本却是落后的。在日本，我们在每一家医院都拥有一张就诊卡。但是根据我在奥地利进行的有关 e 政府[①]的调查得知，就诊卡每人只有一张，用它可以看外科、内科、牙科等，无论去哪家医院都可一卡通行，这张卡管理着患者的治疗履历、检查履历和用药履历等。

在日本，换了医院就要重新检查，而在奥地利就没有这样的麻烦。这不仅减少了医师和患者的负担，同时也能够削减医疗费用。另外，患者数据的持有者在日本是医师和医院，而在 EU（欧盟）则是患者自己。这应该说是两种截然不同的思路——自己的数据被别人管理的日本和自己的数据由自己管理的欧盟。日本是医生比患者地位高，与此相反，在 EU 是患者比医生地位高。这样大的差异，恰恰反映了电子病历卡标准化迟迟不能推进问题的根本之所在。

在美国，由于全体国民的健康保险制度尚未完善起来，所以就出现了一部分富有阶层的人们属于欧盟式的，而普通老百姓则属于日本式的了。日本的医疗费年年在增加，财政更是如同着火的汽车一样。因为医疗费的削减是急不可待，所以需要通过将每家医院所拥有的患者数据集中到标准化后的电子病历卡上，再引入欧盟那样

① e 政府：电子政府。利用计算机网络和数据库技术，旨在提高行政效率。

的远程医疗系统，这样就能够尽早地实现医疗费的削减。

作为医院 IoT 化的先进事例，我们可以举拥有 760 张病床的城市型中心医院，即国立医院机构东京医疗中心为例。东京医疗中心使用互联网的医院信息系统，引入了电子病历卡和医疗影像储传系统，即“PACS（Picture Archiving and Communication System）”。创造出这个系统的是松本纯夫先生，松本先生是东京医疗中心的名誉院长，他在 2017 年 11 月协助设立庆应大学湘南藤泽校区（SFC）湘南庆育医院。开设这家医院的目的是为了远程医疗的实用化。可是，依然有既得利益者存在，还有各种各样的规定阻碍着前进的方向。为了扫清障碍，他们展开了同既得利益者之间的斗争。

如何才能延长健康寿命
——用 IoT 预防糖尿病、高血压病和动脉硬化

与远程医疗系统同等重要的另一个问题是怎样才能延长健康寿命，实现健康长寿社会。不是患病后的“以治疗为主的医疗”，而应该重视在患病前的“以预防为主的医疗”，通过 IoT 提供各种各样的健康服务不正可以有效远离病痛吗？

坦率地讲，平日里的健康管理如果通过 IoT 来进行的话，我们的体质将不会轻易患上糖尿病、高血压病和动脉硬化等不良的生活习惯所引起的疾病。虽然还没有普遍推行，但是市面上销售的智能

手表①，不仅可以测量心率和血压，而且还可以测量步数、行走距离和消耗的卡路里。此外，智能手机还有仅靠拍下料理的照片就能够自动测量出卡路里和营养成分并记录下来的应用程序。

如果可以开发一种高性能的IoT设备做健康管理，肯定会对延长健康寿命做出巨大贡献的。我们期待着可以进行健康管理的IoT服务功能的出现。这不仅使个人健康长寿，同时也可以削减医疗费用，有利于国家财政。

新型产业——“健康服务业”
——日本职业足球联赛选手关注的“粪便”技术

我在支援着一家医疗企业，这家企业就是曾经在浦和红钻队活跃过的铃木启太先生建立的AuB②，他想建立运动员们的“粪便银行”这项事业。目的是当运动员们受伤的时候用来缩短康复的时间，从而尽可能地延长运动员的体育生涯。他考虑如果顺利的话，还可以把这项事业扩大到一般人群中去。我问他为什么是从运动员开始，他回答说因为他自己是运动员的时候就经常受伤，而且他观察到不同体质的运动员，康复的速度也不同，这些因素甚至直接关

① 智能计步器（Smart Watch）：一种便携式电子设备（可穿戴设备）。既可以作为手表使用，也可以搭载计步器、语音备忘录等，功能十分方便。

② Athlete micro-biome Bank。

系到运动员运动生涯的长短。

顺便一提，被称为“野人”的冈野雅行先生据说受伤之后恢复得就非常快。要想一天也不间断地进行血液检查的确不容易做到，可是粪便每天都在排出，因此正好适合进行科学的健康管理。因为运动员会比普通人有更加严格的包括饮食在内的健康管理，所以更容易从中找到有益的关联性。具体怎样使用技术和设备制作“粪便银行”是今后要研究探讨的课题，但它至少可以说是一个有趣的着眼点。

这样一种带有“健康服务业”性质的新产业的诞生有希望越做越大。毫无疑问，愿意把钱花在健康服务方面的人，要比想把钱花在医疗费上面的人多。虽说人的寿命可以达到100岁，可是即使长寿了却没有一个健康的身体，那样也无法享受到幸福的人生。不仅是日本，就连其他发达国家，健康服务这一巨大需求今天依然还在沉睡中。

谷歌、亚马逊所追求的智能房屋产业
——以全日本去迎接挑战

健康服务业在今后将成为日本企业可以大显身手的领域，如果说再举出一个大有希望的产业，那就是智能房屋产业了。智能房屋通过IoT和AI，高效控制家电和能源，对于居住的人来说，是一个便利性极高，可以过着舒适生活的家。但是谁握有操控智能房屋产业的主动权，目前还不知道。

经济产业省正在防范的是谷歌和亚马逊的智能音箱，也被称为AI音箱。经济产业省所担心的是，进化后的AI音箱会不会成为智能房屋的核心设备？苹果公司在构思着以智能机为核心设备的智能房屋，松下公司和三星电子公司在考虑由IoT家电来实现智能房屋。当然，大和房产这样的住宅品牌也在朝着建设智能房屋的方向努力。迄今为止，智能房屋事业各家公司都在筹备，但是成功的案例不多。我认为原因有很多，其中一点就是他们只注意到节能功能，没有考虑到消费者的便利性和舒适性，能够吸引消费者购买智能房屋的有利因素极其匮乏。

但是，今后随着IoT和AI技术的实现，电气和煤气等能源的效率化是必然的，居住人的便利性和舒适性都可以实现。这样在智能房屋市场，最能提供符合“用户要求”的企业将会称霸该产业。

我参与过东京大学生产技术研究所（以下简称为生研）的IoT特别研究会（RC88）。负责人是野城智也教授，在这个研究会上，使用东京大学驹场校区内的“COMMA（COMfort MAnagement）住宅”，进行了控制能源的智能仪表的实验。我的身份是一般财团法人互联网协会的IoT推进委员长，自然是想将工作内容推广到整个互联网界。除此之外集中到该研究会的成员也包括电力公司、煤气公司、煤气器具生产厂家、家电厂家、通信服务公司等众多企业。

智能房屋一定会发展成一种产业的。那么成为家庭里最主要的核心设备将会是什么呢？究竟哪家企业会掌握主动权呢？这些问题的答案将在今后得出，但至少在日本的智能房屋，握有主动权的企业应该是日本企业吧。为此，彼此竞争的同时也要互相合作，以全日本的姿态面对这项事业，也许就可以发挥出日本的综合实力来。

宇宙和 IoT 的紧密关系

——使用人造卫星的“遥感技术”可以扩大实业

如果说使家庭 IoT 化的就是智能房屋的话，那么将整座城市都 IoT 化就叫作智能城市①。智能城市建立起来以后，比起企业，更应该由国家和地方政府主导。我同时也是总务省关于电波委员会的委员，这个组织原来属于邮政省，在另一个原自治省曾经提倡过建设微型城市。微型城市是在地方开始出现人口流失以后，为了减少包括道路等基础设施建设在内的行政支出成本，欲将整个城市凝缩起来建成微型化城市的一种设想。也许是出于这个原因吧，在我所隶属的委员会，经常使用“网络微型城市”这个词。

作为应当推进基础设施建设 IoT 的政府代表，实际上是管理着道路、河流和港湾等的国土交通省。在所有的地方安装上传感器，

---

① 智能城市（Smart City）：将 IoT 用于能源和生活基本设施的管理，旨在提高生活质量、城市功能以及各项服务效率，并且能够提升城市的竞争力，满足现在和下一代人对经济、社会、环境等方面的需求。

收集和分析道路路面和桥梁的状态以及交通量等数据，维持管理的效率化，这些是今后要开展的工作。而且，这样收集起来的大数据多大程度上会对民众公开，做到公开透明，现在就已在议程上了。我认为，互联网的一个本质就是它的公开性，因此应该尽可能地将各种信息和数据公布，以便让企业能够自由地使用它们。

就公共机关而言，宇宙航空研究开发机构（JAXA）也和 IoT 渊源颇深。日本的人造卫星绝大部分为国家所有，企业当中也就是我担任公司外董事职务的 SKY Perfect JSAT（完美天空 JSAT 集团）这一家吧。SKY Perfect JSAT 最大的顾客是防务省。在 2018 年 4 月给防务省提供的通信卫星“闪耀 1 号”和给国内通信提供服务的本公司所有的“Superbird—8”成功发射了。在使用人造卫星的技术中有“遥感技术（Remote Sensing）”。我在一般社团法人遥感技术中心（RESTEC）担任理事，遥感技术的核心，简单来说，就是从人造卫星来观测地球，它有若干个应用领域，但气象信息和土壤信息比较有名。

通过分析由遥感技术收集到的数据，可以预测能够收获多少农作物，将这样的数据公开化以后卖给谁还在讨论中，比如，卖给保险公司的话，也许会出现新型的农业保险。这种来自宇宙的数据和地球上的 IoT 的数据相结合，就有了提供各种各样服务的可能性，因此这个领域备受瞩目。

GPS 这种通信方式是通过操作和分析从美国的人造卫星接收到的信号，从而搞清楚自己的所在位置，日本也在 2017 年成功地发射了“指引”卫星 2 号、3 号、4 号，以 4 台卫星开始了日本的卫星定位系统的服务。“指引”号是被称为准垂直卫星系统的人造卫星，主要飞行在日本上空。使用该系统，以前定位精确度只能达到数米的单位，如今精确度可以提高到厘米，更加精确了。

除此以外，在日本还有数个能够将获得的数据公开化的人造卫星，这样把从宇宙获得的数据和地球上的 IoT 数据加以结合就可以提供前所未有的服务。

日本应当担任国际标准化事务局一职

——在美国与中国的合作下掌握主动权

我曾经有机会应经济产业省和总务省之邀，与东京大学的生研成员和各个企业的负责人一起就 IoT 的国内标准化问题进行讨论。在那次讨论中，决定了网页 API①，还有以怎样的规格作为标准等。标准定下之后各个企业之间就可以遵循标准进行合理的竞争。我们的工作就是为此而制定规则，范围绝不限于某一个特定企业。在过去，我也曾参加过视频、音频压缩编码技术 MPEG（Moving Picture Experts Group）的标准化制定，所以我以此为鉴，重新投入到这次

① 网页 API（Web Application Programming Interface）：是一种从外部的其他程序中将计算机程序提供的功能调出来加以利用的操作程序，它是通过使用 HTTP 等网页技术建立起来的。将外部网页提供的功能和信息编入网页中，主要用于从应用软件中调取那些公开于网页上的各种功能和信息。

的工作中。

同样，我认为 IoT 的国际标准化也同等重要。我曾经有机会与中国国务院金融研究所负责 IT 化的科研人员交谈，当时被问到："有关这次的 IoT 和 AI，您认为什么是最重要的?"我的回答是国际标准化。为什么呢?因为如果是某一家特定企业占据标准高地，那么那家企业势必会独占价格控制权，这样消费者的优势就不能发挥。因此，实行国际标准化并且做到公开，各家企业都可以进入 IoT 市场，这样的机制绝对是需要的。美国企业在以特定方式创造市场之前，最好制定出一个国际标准。特别是在 AI 领域里标准化的制定很难，但是我们强烈呼吁制定标准。对方回答说："是的，中国政府也赞成您的这种想法。"

为了制定国际标准，美、中两国的政府和企业进行合作是完全有必要的，那么日本从一开始就参与制定过程，担任事务局一职难道不是最好的吗?为什么这么说呢?因为从地理上来说，日本恰好位于中国与美国之间。而且，日本的第一大贸易伙伴是中国，第二大贸易伙伴就是美国，能够平衡地面对美、中两国的，在世界上恐怕只有日本最合适吧。如果美国和中国也参与制定国际标准，那么无一人会说一个不字，还可以防止特定企业的垄断。

如果国际标准被哪个国家的企业给抢先的话，日本企业就会不利，一旦规则制定出来，在同一个平台上公平较量，日本企业的胜算就会变高。因此，无论是 IoT 还是 AI，国际标准化显得尤为关键，为了控制标准化，日本担任事务局的职务也是至关重要的。

第3章

对于企业来说，AI是威胁吗
——不可替代人才的条件

IoT和AI促进企业的国际化

——它会带来企业之间对技术人才的争夺

2030年将变成这样

- 出现AI超越人类大脑的事例；
- AI化的电力、铁路、通信公司会出现新商机；
- 1.4亿专业技术人员将被AI等技术替代。

拥有厚重庞大的制造业和以扎实的基础设施建设为特征的日本企业不断走向世界。

在图像识别和大数据分析等领域，语言壁垒问题不复存在。由于IoT、AI的普及，日本的技术人员不必担心语言的壁垒，他们可以自由地发挥自己的技术。现在世界各国都希望得到日本的技术人才。另一方面，国内的餐馆、百货商店、呼叫中心等都将工作人员换成了AI，这样既成功地提高了生产效率，也提高了公司业绩。

担任同声传译的机器人在百货商店里迎接顾客

神经网络机器翻译在进化

能讲英语、汉语、法语等各种语言，满足观光客各种要求的，不是人类而是机器人。利用 AI 进行深度学习的“神经网络机器翻译”技术飞速发展，AI 机器人得以研制成功。它会通过模拟人类同声传译者大脑处理信息的方式进行翻译。将来，如果翻译的精确度有了提高，可以考虑将这样的“机器人迎宾小姐”输出到国外。

2029 年之前 AI 就会超过人类大脑的存储量

——AI 的研究开发是怎样开始的

AI 是作为数字化转型革命的核心技术引人注目的，那么到底什么是 AI 呢？简单地讲，所谓 AI 就是指人工智能，是让计算机拥有和人一样功能（智能）的一种尝试。那么为什么近年来会掀起 AI 热呢？是因为人们认为不久以后 AI 就会超过人类的智能。

根据英特尔公司的创立者戈登·摩尔提出的“摩尔法则”，半导体的存储容量每 18 个月便增加 1 倍。大约从 1965 年起，决定计算机性能的半导体硅片的存储容量开始提高，在 1 年半之内速度大约提高至原来的 2 倍。最近，速度虽然略有下降，并将持续 2 年左右，但其性能依然在提高。按照这样的速度，可以想象再过 10 年，计算机的性能就是 2 的 5 次方，即原来的 32 倍。存储也是 32 倍，网络容量也是 32 倍。也就是说，如果按照 2 年内以大约 2 倍的指数函数递增换算成 AI 学习机[1]的发展速度，就可以预测，到 2045 年前后，AI 将超过人类大脑的存储容量。甚至也有人预测 AI 的技术奇点在 2029 年前就会到来。

我在思考 AI 历史原点这一问题时，甚至想到古人会不会曾经有过想造出上帝的手，或者用人的手创造出上帝这样一些梦想呢？也许可以说，想踏入非人力所能及的领域恰是人类共同的愿望呢。

尽管如此，人类所走过的道路绝非一帆风顺。首先，17 世纪出现了笛卡尔的机械论哲学，笛卡尔说："人的身体其实就是一部机器。"后来，帕斯卡开发出机械式计算机，继而在 1822 年英国的查尔斯·巴贝奇制造出用有限差分法进行精密计算的"差分机"。这些都是电子工程学诞生之前的事情。其后，英国数学家伯特兰·罗素通过用算法[2]发现了"Paradox"的概念，至此 AI 研究的准备工作就完成了。

最初掀起 AI 热的时间是在 20 世纪 50 年代后半期至 60 年代。之前的 1934 年，在美国，由精通人的大脑和神经系统的医生沃伦·麦卡洛克与数学家沃尔特·皮茨提出了"神经网络"这一概念。后来，破解纳粹德国密码的英国数学家艾伦·图灵又提出了区别机器与人的"图灵测试"。破译密码的过程又被拍成《模仿游戏》这部电影。在那之后，设立了被称为计算机界诺贝尔奖的

---

① 机器学习（Machine Learning）：人工智能的研究课题之一，这项技术旨在用计算机模拟人类的学习行为。

② 算法（Algorithm）：为了解决问题所想出来的方法，能够系统化地解决问题，是编程的基础。

"ACM 图灵奖"。

计算机的原型出现于 1939 年，但真正进入开发阶段还是在第二次世界大战之后。1956 年在美国达特茅斯大学首次召开了"人工智能"会议，被誉为现代人工智能之父的约翰·麦卡锡（LISP 语言、逻辑编程语言的开发者）首次提议使用"Artificial Intelligence = AI"这一词语。自那以后，AI 这个词就确定下来了。

1964 年到 1966 年间出现了"ELIZA（伊莉莎）"这个自然语言处理程序。这是第 1 次 AI 热，大家都说："凭借机器就可以实现人类的智能了！"在上面投入了数百万美元，结果却没有实现。

花费 570 亿日元挑战第 2 次 AI 热的日本

——在当时是世界上唯一的大型人工智能项目

从 20 世纪 70 年代后期开始，担任美国麻省理工学院（以下简称 MIT）校长的霍埃尔·摩西用计算机解开了微分方程式。法国的计算机科学家创制了另外一种逻辑编程语言"Prolog"，新的 AI 热就又一次袭来。

美国斯坦福大学的爱德华·费根鲍姆创造了"Expert System（专家系统）"，内容是将人类专家的知识输入计算机，通过计算机判断是或者否来弄清楚"某些规律"。比如，在医疗方面，医生的判断逻辑可以由计算机来模拟，这样的专家系统取得了一些成果，于是在20世纪80年代，第2次AI热到来了。

当时日本正处于泡沫经济时期，美国和英国的经济也不太景气，所以日本就投入570亿日元的巨款着手开发“第5代计算机”。当时世界上唯一的大型人工智能项目就此开启。然而，项目的进展并不顺利，虽然聚集了众多拥有博士学位的优秀人才，却被业界许多人讽刺说：“那是一场大失败！”目前对该项目的评价依然褒贬不一。日本对于这件事情如今也心有余悸。

“谷歌猫”的冲击
——“模式识别”也发生了革命性的进步

1997年，国际象棋世界冠军输给了计算机。这台国际象棋专用计算机就是大名鼎鼎的“深蓝”，它的制造者是IBM公司。从那时起，“机器学习”开始向“深度学习”进化。机器学习是为了寻找到某种新的模式，是反复依据数据进行学习的一种方法。不需要人一直输入代码，可以从大量数据中自动构建出一个算法，这简直就是一个划时代的变化。深度学习是机器学习的一种手法，它通过将“神经网络”多层化得以实现。

神经网络是模拟动物神经回路的结构，它在编程世界中构成大规模的典范转移。将神经网络重叠几层之后，就实现了深度学习，完成图像识别、声音识别、自然语言处理等。也就是说，计算机可以解释图像、声音和词语的含义。过去人们认为，如果进行机器学习多层化之后，精度就会下降，但加拿大多伦多大学的杰弗里·辛顿研究小组于 2006 年发现了解决该问题的方法。称得上是代表这种方法的应用就是“谷歌猫”，2012 年计算机做到了自动识别猫，这引起了巨大的轰动。

AI 不光能识别猫，在其原本并不擅长的“模式识别”方面也实现了进化。比如，当两个熟人在 10 年、20 年之后再次见面时，马上认出对方是比较困难的，可是 AI 通过千万次的机器学习却可以做到。这是具有革命性的，虽然只是一个数据，但 AI 超高速无数次反复地看下去，却能够发现人类所看不出来的规律性。（AI 研究的历史见表 3）

自动驾驶和推荐功能都要靠 AI

——谷歌、亚马逊、百度等各家公司都致力于 AI 的研究

用最新的机器学习算法能够做出什么新成果呢？我们可以举谷歌机器人汽车这个例子。谷歌的自动驾驶汽车开发部门“Waymo”对在市场上销售的汽车加以改造，成功实现了在市区公共道路上的自动驾驶。也就是说，无人驾驶的试运行汽车终于上路了。这是该公司独自开发的机器人汽车，也是完全不用人操作的自动驾驶汽车。

谷歌机器人汽车的特征是没有方向盘，只有两个座位。当然，

表 3 AI（人工智能）研究的历史

时期	主要事件
古代	AI 的历史始于古代神话时期 →名工匠赋予人造物智慧或者意识（这是古代人希望借助人的手来创造神）
17 世纪	法国哲学家、数学家勒内·笛卡尔提出“动物的身体就是复杂的机器”
1642 年	法国哲学家布莱兹·帕斯卡开发了第一台机械式计算机
1822 年	英国人查尔斯·巴贝奇开发了可编程的机械式计算机（差分机，Difference Engine：用有限差分法进行无乘除算法的函数计算）
1901 年	英国人伯特兰·罗素发现“罗素悖论（Russell's Paradox）”（从看似正确的前提和推论得出难以接受的结论）
1943 年	美国医学家沃伦·麦卡洛克和美国数学家沃尔特·皮茨发表“有关神经活动中潜在意念的逻辑计算（神经网络）”
1950 年	英国数学家艾伦·图灵引入“图灵测试”
1956 年	在达特茅斯大学召开会议（确立 AI 这门学问） →美国人约翰·麦卡锡开发了 LISP 语言，提出“人工智能”这个词语
第 1 次 AI 热	
1964—1966 年	德裔美国人约瑟夫·维森鲍姆开发了 ELIZA（伊莉莎） →以来访者为中心的聊天疗法软件（自然语言处理程序）
1973 年	英国人詹姆斯·莱特希尔（流体力学、研究预算委员会委员长）的批判 →停止向美国和英国政府人工智能相关研究的出资
“AI 的冬天”和“AI 的夏天”反复交替	
1969—1983 年	美国计算机科学家霍埃尔·摩西（MIT 大学校长等）用 Macsyma 程序创造了多项式、微分方程式、积分等解法推论
1972 年	法国计算机科学家阿兰·卡尔梅拉乌开发了 Prolog 语言
20 世纪七八十年代	爱德华·费根鲍姆（斯坦福大学）首次用 AI 研究获得了专家系统（模拟专家思维来解决复杂问题）的成功
第 2 次 AI 热	
1982—1992 年	根据日本通产省（当时）的提案，投资 570 亿日元进行 AI 研究“第 5 代计算机”
1997 年	国际象棋专用计算机“深蓝”打败了加里·卡斯帕罗夫（世界冠军）
2006 年	杰弗里·辛顿（多伦多大学、谷歌大脑）提出即使在多层自动编码器（引入神经网络后压缩高维数据到低维的算法）上附加网络对精度也毫无损失
第 3 次 AI 热	
2012 年	在大规模视觉识别挑战赛 ILSVRC 上，辛顿率领的多伦多大学的小组发布：谷歌将 16 000 个计算机处理器联接起来，用“深度学习”模式，花了 3 天时间，从 YouTube（油管）里大约 10 000 张图片中，成功找出了猫。将以往的错误率（26%），降到了 17%。这项研究做到了比以往的物体识别手法更加飞跃的进步

它可以载人行驶。像这样的“无人驾驶汽车”就是机器人汽车，它的时速被限制在每小时 40 公里以内，而且为了将撞车时的受损程度降低到最小，车体和玻璃都使用特殊的树脂和柔软性好的材料。

其次，亚马逊和网络视频点播服务公司网飞（Netflix）的“向您推荐”功能就是使用最新的机器学习算法。通过亚马逊购物时，谁都有“要不要买这个”的被推荐经验吧。这是由于机器学习算法可以计算出，“购买本产品的用户是不是对另一个产品也感兴趣”的结果。

另外，机器学习算法对查找错误也有帮助。比如，通过反复学习垃圾邮件的特征，就可以瞬间精确地判断所收邮件是否为垃圾邮件。除此之外，苹果手机的“Siri”、亚马逊和谷歌的智能音箱上都用了 AI。

中国最大的搜索引擎企业百度也致力于 AI 的研发，在技术能力方面不断提高，在声音识别、图像识别、恶意软件和垃圾邮件检测筛选等领域，几乎不输给美国的 IT 企业。

智能仪表的 AI 化正在成为商机

——电力公司应该向电子式、弱电式转型

问诸位一个问题，你们知道在日本用电最多的时间段是什么时候吗？答案是在空调始终开着的 8 月份的白天，日本电力公司的发

电系统做到了用电高峰期也能供电充足。在2011年3月福岛核电站发生事故之前，国内的基本负载电源都是核电。核电虽然不能随时控制，但除了定期检修时间以外，可以连续数月运转，因此成了发电的主力。

利用水库的水力发电也很稳定，且能够持续发电，所以也被作为基本负载电源使用，但它大约只占总发电量的10%。在核电站发生事故之前，核电大约占总发电量的30%，剩下约60%的电力是靠火力发电。

不过，火力发电站的容量在用电量高峰的8月份也足够了，所以有的发电站在8月份以外的月份里就不开动了，这样就构成了“设备的浪费”。那么，为了避免这样的浪费，事先进行电力需求预测，然后根据需要进行发电，就引入了“智能仪表（栅极）”。使用智能仪表的目的，是让发电设备能根据电力需求量的高峰和低谷情况随机应变。

现在的日本，核电几乎处于没有开动的状态，在这样的情况下，智能仪表就变得不可或缺了。智能仪表是一种为了将火力发电站的发电量进行精细控制而添设的设备，可如果仅仅是为了这一种用途而安装它，这就显得有些浪费，所以我提出了下面这个建议。

由于自福岛核电站事故以来，东京电力公司有些疲软，所以我的建议就在其他电力公司实施了，简单来说就是智能仪表的AI化。智能仪表的AI化在美国并没有实行。原因是，在美国，光是电力公司就有3 000家之多，从资金能力方面来讲，不具备像日本这样拥有雄厚资金能力的大企业。在日本，电力公司只有 10 家，它们已经成为各个地区的代表性企业，其中，关西电力公司是仅次于东京电力公司规模的大企业。

迄今为止，电力公司一直是销售电。但是，到了 IoT 和 AI 时代，仅靠卖几千瓦的电的话，那么可能在数年之后，就会有来自海外的“黑船”[①] 出现，转眼之间就有可能占领日本的电力市场。到了那时，日本大的电力公司能否与之抗衡就很难说了。因此，关键要实现智能仪表的 AI 化。

实现 AI 化的灵感来自亚马逊和谷歌的智能音箱，也就是 AI 音箱。智能音箱 2017 年在全世界卖出了 3 000 万台以上，2018 年预计达到 5 500 万台以上。销售智能音箱的目的之一，就是让那些不使用计算机的人进行 e 商业（电商）和网上购物。因此，它最主要的目标是老年人。但是，实际购买的人却是那些喜欢新事物的人和年轻人，因为他们正处在一个什么都愿意尝试的阶段。我甚至怀疑，老年人今后是否真的能够发展到“如果没有智能音箱就无法生活下去”的程度？

如今，50 岁以下的人大多数都已经在使用计算机。我想，这些人即使到了晚年，也不会对智能音箱感兴趣吧。另一方面，智能仪表是一种生活必需品。因为它测量每一家的用电量，对电的使用进行控制，所以真是“没有了智能仪表就无法生活下去”。即使进入 AI 和

① 指黑船事件，1853 年美国以炮舰威逼日本打开国门。

IoT 时代，毫无疑问电对于人们来说依然是最重要的生活必需品之一，没有人会忽略它。并且，通过测量用电量还可以掌握一家人几点睡觉、几点起床、什么时候洗澡、什么时候吃饭等生活规律和生活方式。当然，因为这些都是最隐私的信息，所以有必要做好万全的防止泄密的措施，电力公司获得的庞大数据，其价值不可估量。

不仅如此，智能仪表不按市场原理购买，它是每个家庭都必须安装的电器，一个家庭安装一台。虽说最初需要一笔投资，但是如果实现 AI 化，则可以带来各种新商机。

从工科角度讲，目前在电力公司工作的人当中，擅长处理 100 伏以上强电的技术人员居多。但是现在计算机的处理器大约是 1 伏，所以最理想的状态是这些人能够把思路转到电子学和弱电方面。我认为，包括电力公司在内的日本企业在智能仪表和智能电网以及其他技术领域，在世界上仍处于领先地位。可是，令人遗憾的是，居然没有人注意到我上面讲的这一点。由于电力公司是地方垄断企业，所以竞争原理对它并没有什么作用。因此，我们的整体印象是，企业家中的很多人过于沉稳以至于不求上进。我希望这些人能够通过智能仪表的 AI 化创造出新的实业，进而把它推向世界。日本的电力公司是有这个潜力的。

铁路、通信公司如何生存下去
——务必在实现 AI 化的同时也将全球化纳入视野

与电力公司同样处境的是铁路公司。JR 东日本公司和 JR 东海公司都是无可争辩的优良企业，但是由于它们几乎在当地称霸了，所以在竞争意识上有所欠缺。铁路公司试图将新干线事业向海外输出，但没有中标，虽不满足于国内市场，却无法打入世界市场。

无论是电力，还是铁路，在基础设施输出方面，虽然主要是国与国、政府与政府之间的交涉谈判，但企业也应该更加积极地投入其中。正因为集合了优秀人才的企业如此之多，在实现 AI 化和 IoT 化的同时，希望他们更加推进国际化，这么想的不只我一个人吧。

当我向 NTT 的负责人提起电力公司和铁路公司的问题时，他们回答我说："我们公司也一样啊！"不过，在 NTT 集团内部，也有像 NTT Data 和 NTT Communication 这样面向海外的企业，NTT Data 由于收购了海外企业，它的员工中一半以上都是外国人。NTT Data 原来经常承包日本银行系统、社会保险系统和信号机系统等公共事业。但是，由于日本的人口在减少，经济没有增长，仅仅停留在国内业务上是难逃"赤贫"境地的。

NTT data 为了自身的成长，只能去海外市场发展。前面我也讲过，在 IoT 时代，日语、英语、汉语这些语言之间的障碍是不存在的。在使用AI进行声音识别的情况下，语言的壁垒是有关系的，但在图像识别和大数据分析时，就和语言无关了。日本企业向海外发展，实现国际化的机会已然到来。

RPA办公指的是什么
——在家电量贩店、不动产中介、地方政府结出丰硕果实

各位可能没有听过RPA这个词语，RPA由机器人流程自动化（Robotic Process Automation）三个词的首字母组成，指运用AI等认知技术，使白领的工作实现高效化、自动化。实现了RPA办公就被称为RPA办公。比如，面对外部的咨询，实现由AI应答的自动传呼中心。劳动密集型的传呼中心人手不足，因此在节省人力方面需求很高。我所任职的集团公司刚开设了RPA中心，就一下子加速了AI化的流程。

构建RPA办公的想法可以移植到众多的公司中。目前，在家电量贩店、不动产中介和地方政府等服务合理化和工作质量提高方面已经结出了丰硕的成果。可以说，对日本一直以来的课题，即白领的生产力提高方面，做出了巨大的贡献。

令全世界为之震撼的“雇佣的未来”
——连高级公务员都要失业了

前面一直在讲述AI的优点，下面谈谈AI威胁论。

鉴于AI具有超过人的智能，即它的“技术的转折点(Technological Singularity)”，我们称之为技术奇点。谷歌的AI项目负责人雷蒙德·库茨魏尔和美国数学家、科幻作家弗诺·又奇说过，这个技术奇点将会在2045年到来。那么，技术奇点到来会发生什么情况呢？到了那时，统治社会的就不是人类了，而是从人类统治下获得解放的厉害的AI。

美国牛津大学研究机器学习的迈克尔·A·奥斯本博士和卡尔·弗赖博士在一项美国劳动部委托的研究中，考察了702种职业里，哪些工作会因AI等技术的进步最终被机器人类所替代。总结这项研究成果的就是《雇佣的未来》这篇论文（见表4）。论文中写道：“今后10年至20年之间，美国47%的工作将实行自动化、机械化，不再需要人力。”在日本，媒体也大肆宣传“消失的职业”“消失的工作”，大家还都记得这些吧？

表 4　您的工作将会变成什么样

机器夺走的职业排行榜
（美国：前15位）

第1位	零售店售货员
第2位	会计师
第3位	办公室普通办事员
第4位	推销员
第5位	普通秘书
第6位	餐厅引座员/服务员
第7位	商店收银员和售票员
第8位	装卸作业人员
第9位	簿记、会计和查账助理员
第10位	大型卡车、货车驾驶员
第11位	呼叫中心接线员
第12位	小轿车、出租车、货车驾驶员
第13位	中央政府职员等高级公务员
第14位	厨师（主厨手下）
第15位	大楼管理人（保安）

※出处：《钻石周刊》2015年8月22日号

主要"消失的工作""不复存在的工作"
银行的融资负责人
体育裁判
不动产中介
餐厅服务员
保险审查负责人
动物饲养员
电话接线员
工资、福利待遇负责人
收银员
娱乐设施导游、检票员
赌场荷官
美甲师
信用卡申请的审查员
追债人
律师助手
宾馆接待员
电话销售员
裁缝（手工缝纫）
修表工
税务申报代理人
图书馆员助理
数据录入员
雕刻师
信访负责人
簿记、会计、查账助理员
检查、分类、采样、测量作业员
照相师
照相机、摄影机等的维修人员
金融机关的信用分析员
眼镜、隐形眼镜的技术人员
杀虫剂的混合、播洒技师
假牙制作技术员
测量技术员、地图制作技术员
营造庭园、用地管理人员
建筑机械操作员
营销员、报纸销售员、露天店铺经营者
涂料工、贴壁纸工匠

※出处：奥斯本先生的论文《雇佣的未来》，这里记载了被计算机代替的可能性高的工作

奥斯本的研究涉及各种工作所需要的技能种类，它们在多大程度上会被机器代替从而实行自动化，以及技术发展的趋势等，博士对这些问题都进行了详细的考察。他详细列举了妨碍计算机化的 9 个工作特性，即“手工能力”“艺术能力”“谈判能力”“说服能力”等，依据这些特性对 702 种职业进行了评估。

以该论文为基础，《钻石周刊》从美国各种职业的就业人数和平均年收入等数据中计算出了“被机器代替的市场规模”。根据该计算结果，在美国被机器代替的职业排行榜中，排在前 15 位的职业分别是零售店售货员，会计师，普通办事员，推销员，普通秘书，餐厅引座员，商店收银员和售票员，装卸人员，簿记、会计和查账助理员，重型卡车和货车驾驶员，呼叫中心接线员，小轿车、出租车以及货车驾驶员，中央政府职员等高级公务员，厨师（主厨手下），大楼管理人（保安等）（《钻石周刊》2015 年 8 月 22 日特辑“想把子女送进去的学校　2015”）。

其实，在以上 15 种职业当中，呼叫中心接线员工作已经引入了 AI，结果削减了相当多的工作人员，我所任职的 AI SQUARED 集团公司也开始了 AI 呼叫中心事业，生意很火。呼叫中心业务逐渐由机器代替人进行，与以前相比，预计降低 60% 以上的成本。

排在第 1 位的零售商店的售货员和排在第 4 位的推销员已经被具有推荐功能的 AI 销售所替代，今后会很自然地普及起来。而且，由丰桥技术科学大学、日本微软、BroadBand Tower 集团共同开发的，旨在为海外观光客人提供多语种自动翻译服务的系统，即多语种机器人售货员的登场已经为时不远了。排在第13位的是高级公务员，因为涉及削减税收支出，所以一般来说会受到欢迎。

技术奇点导致“消失的工作”
——机器人做手术

AI的进步使得迄今为止被认为只有人才能做的工作被机器所代替，比如，无人驾驶的汽车今后将在全世界普及起来，缓解了出租车和卡车司机的疲劳驾驶问题。这只是其中一例，被机器代替的工作不胜枚举，不仅是单一的工作，就连脑力劳动者的工作内容也会发生巨大变化。

脑力劳动者的工作被机器代替的最大原因，是由于AI等技术的发达使大数据处理成为可能，迄今为止不可能做到的对数量庞大的数据的处理，今后都可以由计算机来做了，非日常工作因此能够作为日常工作进行。以自我学习型的“医疗诊断”为例，它远远超过了第2次AI热时的专家系统。在美国纪念斯隆-凯特琳癌症中心，使用IBM的“沃森”，对大约60万份医疗报告书、150万份患者记录和临床试验结果、200万页医学杂志等进行分析，通过将每个患者的症状、遗传基因、用药史等同其他患者进行比较，从而制作出符合每个患者的最佳治疗方案。

在法律领域，计算机被用于判决前辩论记录和案例的检索工作。而且，律师助理的工作如专门签合同书、专门从事专利相关的内容已经由计算机来实施了。

在金融界，计算机能比那些商务人士更加集中迅速地分析各家企业的新闻公报和决算资料，并据此做出投资判断。由计算机充当的金融顾问给顾客提供个性化的资产运用咨询服务，一经推出就大受欢迎。

在教育领域，免费的在线授课慕课（MOOCs：Massive Open Online Course）急速发展，有关学生理解力之类的数据也收集了很多。代替了人类的计算机教授可以针对不同学生实施个别讲义和评价体系，学生毕业后的就业方向也可能由计算机来指导。如果与各个企业的人事部门合作，那么从企业角度看，人才的招聘效率会更高，从学生角度看，找工作更加容易和方便。

并且，由于传感技术的发展，在各个领域里，迄今为止被认为只有人才能做的工作已经由具备认识能力的机器来做了。在卡塔尔的多哈、巴西的圣保罗、中国的北京等大城市，在水管和泵上设置传感器来检测水管有无漏水，能使漏水现象减少 40% 以上。这些设备的维修业务也渐渐地由机器代替完成。

还有，在街道和人行道上设置传感器，使得保安、警备人员大大减少。这些变化与以往的技术进步在本质上的不同是，过去被认为必须由人来做的有关认知领域的工作却可以由机器代替了。进一步讲，以前的机器人只是做一些较为单纯的工作，可自从 AI 和机器人学融合以后，今后更加复杂的工作也可以实现机械化了。比如正在逐步实现的医疗用机器人，它可以自动地为每个患者送饭和开具药方，还可以做手术。

从制造业到烹饪、医疗、环卫、陪护等服务行业，担任复杂的服务性工作的机器人的开发前景十分乐观，远远超过工厂里的工业用机器人数量的新一代机器人巨型市场即将诞生。顺便一提，根据麦肯锡全球研究院的调查，由于 AI 等技术的进步，全世界预计约 1.4 亿的全职脑力劳动者将被机器所代替。

为了不被计算机夺去工作
——今后需要的职业有哪些

另一方面，据预测，有些工作不会因 AI 等技术的进步而消失。代表性的例子有养生理疗师、语言听力测试员、职业治疗师等医疗方面的专门工作。根据奥斯本博士的研究结果，编辑人员失业的概率为 5.5%、工业设计师为 3.7%、庭院设计师以外的建筑家为 1.8%、养生理疗师为 0.28%，独创性职业的消失概率在 702 种职业中最低。

在室内办公领域，虽然由 AI 等技术来代替人的情况正在逐步实现，但人与人之间高度的服务领域、具有独创性的工作、依据数据分析和预测进行判断的管理工作等，作为只有人才能做的工作留存下来的可能性高。AI 的存在使收银员的工作消失，收银的自动化和决算系统的建立使与之相关的新的工作应运而生。软件的比重越来越高，程序员会随着 AI 自动化编程的加速而失业，但会出现开发自动编程的工作。如此看来，下面 4 种职业尽管遇到 AI 等技术的进步，依然会作为人类从事的工作被留存下来。

① 创业者

② 从事发明、发现和艺术等具有创造性工作的人

③ 组织、机构的领导层

④ 在人与人之间起桥梁作用的交流人员

AI 技术造福人类
——用 3D 打印机建造体育馆和医院

当然，对 AI 持悲观态度的人并不多。IBM 的 AI 程序“沃森”的开发负责人罗布·哈伊首席技术官在 2016 年 3 月的记者招待会上，就 AI 的扩散所波及的雇佣变化问题，一方面阐述：“就像智能机一样，它会顺应技术的发展使社会发生变化。”另一方面强调说：“不是为了消除工作本身，而是当工作人员忙碌或由于不掌握信息而无法回答时，机器人可以做出应对。”他强调，IBM 在人工智能方面的研发毕竟是为了人类技术的进步。

他讲到 IBM 的研发方针：“不是计算机代替人，而是集中帮助

和加强人的工作……排除有意识地代替人的做法。”另外，达·芬奇研究所所长、未来学家托马斯·弗雷（原IBM工程师）在2015年11月的记者招待会上，讲了以下一番话：“下一代人的工作在于未来产业，到了2030年，我们将会穿着3D打印出来的服装，服用为每个人研制出来的药物，让无人机送货，利用无人驾驶汽车”，并且，“2030年全世界雇佣劳动力的一半，即20亿人的工作将消失”，“当职业消失以后，并不产生失业者……实际上，根据调查结果显示，在过去的30年里，美国的新生职业几乎都是在创立5周年以内的企业里诞生的”。

他还讲道：“引人注目的未来产业还有IoT、3D打印、无人机等各式信息与通信技术融合企业”，“如果使用3D打印，可以发展到制作个性化的服装和个人用药物等产品，还可以制作出体育馆、船舶、医院等大规模的场馆。无人机可以用来播洒农药、送快件，以及为餐厅运菜”。这样我们就可以期待AI能够提高人的能力。

第4章

金融科技与金融的未来
——日本的新兴企业与服务

日本创生新闻

第4章

二〇三〇年×月×日 星期×

发行人：藤原洋

大银行收购金融科技企业

——『金融业的数字化』在加速

2030年将变成这样

- 20世纪80年代以后出生的数字原住民（数字土著）推进了金融科技的可能性；
- 通过金融科技进行融资，可以做到对风险和利益回报率进行综合判断之后的分散投资；
- 金融机构并购金融科技企业。

各大银行加快推进电商交易和手机结算的普及。在21世纪20年代，虽也有传言说银行的业绩不佳会导致金融崩溃，但金融科技的进步送来了回春的气息。在21世纪20年代并购处于上升阶段的金融科技企业成为了金融行业的转机。同时，针对金融科技的普及，由金融厅制定的相关法律也逐步完善起来。预计今后“金融业的数字化”将会加速，并开展同SNS、IoT、大数据、AI等相互配合的服务。

Nihon Sousei Shinbun

向世界各地自动汇款的时代到来了

轻松愉快地自动汇款

可以向世界各地汇款　也可以向新兴国家自动汇款

“糟了！今天是发工资的日子。”独自到美国出差的A先生在每个月的工资日都要给留在日本上中学的女儿汇零花钱。10年前，发工资时要慌慌张张地跑去银行，在ATM上往女儿的账户里汇款。自从金融科技进步，从智能手机上就可以汇款，就不用慌忙地奔去银行了。除此以外，A先生还把工资的一部分投资到非洲的新兴企业。

从技术角度看，什么是金融科技

——“金融科技企业”的技术能力远远超过金融机构的 IT 部门

近年来，对把金融（Finance）和技术（Technology）合起来的新造词金融科技（FinTech）的关心度急速高涨，这也可以说是在金融领域里发生的数字化转型革命吧。

金融科技的兴起是在 2008 年 9 月雷曼兄弟破产事件引发世界金融危机之后，在美国的硅谷，初创企业家们把现有金融服务的停滞当作一个商机，立即开始了新型金融服务的开发。这样诞生的企业被称为“金融科技企业”，并且从硅谷向全世界蔓延。

真正使用金融科技这个词语是在 2014 年前后，在其产生背景中起着举足轻重作用的是 IT 的进步，而支撑 IT 进步的是“CPU”[①]

① CPU（Central Processing Unit）：由电脑芯片所代表的计算机的中央处理器。它控制着各种装置，处理数据，是决定计算机基本性能的重要部件。

"存储器"①"网络性能"② 各项装置指数增长一般的进步。如前所述，它们进步的速度在大约 2 年内达到原来的 2 倍，那么 10 年就是 32 倍的高速度进步。换句话说，为了实现同样性能，计算成本、存储成本、通信成本在 10 年内降低到原来的 1/32。根据这个摩尔定律，由于硬件设备技术的进步，从信息发送源的角度来看，利用网络（Web）的互联网商业，按照第 1 代（门户网站③）、第 2 代（SNS）、第 3 代（IoT）的顺序进化下去。以这种网络构造为前提，"门户网站""SNS""IoT""大数据""AI"作为数字化转型（DX）的 5 大技术要素发挥着重要的作用。

以往金融机构之所以能够独占金融服务行业，是因为它们拥有连锁分店和连锁 ATM 机等既复杂又高昂的大规模信息设备。然而，金融科技企业在 CPU、存储、互联网性能方面又受摩尔定律的影响，因而设备成本大幅降低成为可能。技术的进步使得竞争门槛大大降低。并且，金融科技企业在发挥数字化转型的 5 大关键技术方面，具有远远超过以往金融机构 IT 部门的技术能力，能够有效地提供前所未有的极为便捷的服务。

为了避免混淆，我们站在技术立场上来审视是否为金融科技时，可以明确地说，以往金融机构的线上银行、股票和投资信托的在线服

---

① 存储器（Storage）：记忆装置。是一种大容量的外部记忆装置，指用磁性材料记录数据的硬盘装置等。

② 网络性能：以"通信速度"为指标，评估"连接时的通畅度""使用时的舒适度"。

③ 门户网站（Portal）：互联网的入口。

务，以及应用软件服务等并不属于金融科技。这些只不过是由金融机构对已经数据化了的信息所开展的一种 IT 运用而已。金融科技是一种利用“门户网站”“SNS”“IoT”“大数据”“AI”这 5 大关键技术的新型金融服务，我据此对金融科技进行了重新定义：

FinTech = Finance（金融）×Technology（DX 5 大关键技术）

渗透于“数字原住民”的金融

——欧洲财政部门的官员陆续发表金融科技宣言

现在从技术角度转移到用户角度。从学生时代起就在有互联网和电脑的生活环境下长大的 80 后及其后出生的“数字原住民”[①] 的行动给整个社会带来了巨大的影响。在各种各样的服务中，为了被社会接纳以及对社会产生影响，取得数字原住民们的支持是很必要的。这一代人生活在即使往金融机构里存钱也是零利息的时代，除此之外，他们对那些一味地推荐自家金融产品的金融机构有着“缺乏公平性和大众性”的消极印象。数字原住民们对以往的金融机构抱有不信任感，他们有一种“被以往的金融机构当作冤大头”的感觉。

相反，得到这一代人信赖的是像谷歌和亚马逊这样的互联网企

① 数字原住民（Digital Natives）：从学生时代起就是在有互联网和电脑的生活环境中成长起来的一代人，在日本 1980 年左右及往后出生的人都属于这一代人。

业。他们认为，这样的互联网企业会提供金融方面的用户体验①。已有金融机构作为保守的“黑盒子”，与之相抗衡的金融科技诞生了，它正在向全世界的数字原住民中间渗透。

关于金融科技，在日本，最多也就是商业杂志出一个特辑的程度，表现平淡，可是在彻底贯彻市场原理的美国，金融科技企业接连出现，开始对社会产生巨大影响。在欧洲，英国的财务大臣乔治·奥斯本（任期2010—2016）宣布：“在2025年前要把英国建设成为全球金融科技之都（global FinTech capital）。”西班牙对外银行（BBVA）的总裁也宣称：“西班牙对外银行将来会成为软件公司！”

与以往互联网商业的萌芽期不同，在金融科技方面，欧盟各国的企业积极地行动起来，可以预见迄今为止被认为是最保守，甚至是圣殿的金融服务世界，无疑将会在欧洲财政部门的官员所发表的金融科技宣言下，加速向前发展。

金融领域的“C2C”和“P2P”
——互联网上的金融市场模式

以硅谷为中心的新兴金融科技企业已经陆续出现了以门户网站、SNS、IoT、大数据、AI为技术核心的金融科技服务。新兴金融

① 用户体验（User Experience）：用户使用产品和服务后的体验。

科技企业站在互联网用户的角度，将金融机构独家提供的毫无发展前途的金融产品和金融服务变成具有“便宜、快捷、便利”特点的产品和服务。具体来讲，以门户网站的运营手法为基础，提供一个可以让用户群进行电子交易的平台“C2C”(Consumer to Consumer：消费者对消费者)，将个人对接式借贷“P2P”(Peer to Peer：点对点）用在金融领域。

互联网上最常见的客户端-服务器架构是，由拥有并提供数据的服务器，和与之相对的请求连接数据的客户端两部分组成。而P2P的每一个点（点与点是对等关系）都拥有数据，对于其他点对等地提供数据和请求连接，是一种自律分散型互联网架构。与以往的金融机构相比，这样的架构大大削减了人工费和IT运营成本。因此，对于消费者来说，它是一种更划算的“互联网上的金融交易平台”。

如果将现在已经定型了的金融科技服务进行分类，有融资、存款、家庭收支记录、会计软件、资产运用、决算、移动POS①、PFM②、银行基础设施、机器人顾问③、虚拟货币④、市场借贷⑤等。

---

① 移动POS：使用平板电脑和智能机的支付系统。POS指的是销售时的信息管理。

② PFM（Personal Financial Management）：个人资产管理。将所使用的银行、证券和保险等多个账户信息集中起来，统一标识。

③ 机器人顾问：活用AI自动进行资产运用服务。只要回答年龄和资产状况等较为简单的问题，就可以为我们做出最为合适的运用计划。

④ 虚拟货币：在特殊的虚拟社区中流通的电子钱。

⑤ 市场借贷（Marketplace Lending）：借贷与网络相结合的金融服务网站。借由群众筹资方式，通过网络将资金聚集起来，贷放给需求者。又被称为P2P借贷和社会借贷。

这样的金融科技服务对于互联网用户来说，可以为他们提供新的价值和服务，将每一位消费者纳入现代的消费者群体中去，这样个体老板和中小企业在商业领域的利用范围就扩大了。

公开融资审查
——消除了融资审查不透明的借贷俱乐部、Kabbage

那么，我们来看看走在前面的海外金融科技的先例吧。在“融资”领域，借贷俱乐部（Lending Club）备受瞩目。借贷俱乐部作为借款人和贷款人的交易服务媒介，按照C2C模式发展的结果，传统的大银行等金融机构被绕过，资金直接在借贷者和投资者之间流通，打造了一种新型的资金运用模式。这种经营方式加速了借贷俱乐部的成长。这个网站的操作顺序如下：

① 借款人把自己的信息登录在借贷俱乐部的网站上；

② 借贷俱乐部按照独自制订的标准对借款人进行审查，然后对借款人进行“信用评等”；

③ 投资者从借贷俱乐部网站上录入的借款人信息中挑选符合条件的进行借贷，从而完成资金的运用。

根据对借款人信用档次的不同，利息标准也各异，这样就可以帮助贷款人综合判断风险，周转回收利益，分散投资。

Kabbage企业活用互联网上的云会计服务和自家电商网站的数据，进行在线征信判断，与以往的金融机构相比，能够实现短时间内的资金借入。这些金融科技公司融资的特征在于，通过公开审查评分，消除了以往的金融机构融资审查不透明这一不足。

智能存款时代的到来

——Simple银行、Moven银行、Atom银行

在“存款”领域，Simple（简易）银行和Moven（移动）银行刷新了普通存款的概念，它们利用其他金融机构的金融商品，提供第三者合作型的银行模式被称为“新型银行”（Neo Bank），广受瞩目。而Atom（原子）银行则标榜自己是应用程序型银行，用户由于安全问题和银行业务的需求而向智能手机和平板转移，Atom银行因此只致力于应用程序方面的开发与利用。

除此之外，也有利用SNS进行定期存款的Smartypig、Dyme这样的企业。这些企业以没有储蓄存款账户的那些数字原住民为对象，设定存款的目标额，用会话形式的SNS进行跟进，从而为他们进行提高存款欲望的服务。

Digit（数字）公司是在美国提供个人财务管理服务的企业，运营一个面向计划自动省钱并存钱的用户提供服务的应用程序。它的功能是，根据独自开发的算法，从日常使用的银行账户中自动将少

数金额的钱转移到存款用账户中。比如，有的人利用这项服务把每月收入的 5.5% 存起来。

即使没有银行账户也可以向新兴经济体汇款
——DWOLLA、Venmo、WorldRemit

在“汇款”方面，DWOLLA 是令人瞩目的，DWOLLA 开展的事业是向银行账户汇款的 P2P 决算服务业务。在 2015 年 4 月，它与前面提到的西班牙金融大户 BBVA 集团旗下的美国 BBVA Compass 银行合作，开始面向自家银行提供实时汇款服务。BBVA Compass 银行的客户可以在本银行内，或者直接与拥有 DWOLLA 账户的客户进行 24 小时实时汇款。

以提供朋友之间汇款服务实现快速增长的 Venmo，是 2013 年 PayPal 并购的 Braintree 公司运营的个人之间汇款服务型企业，仅 2016 年内 1 个月的汇款金额就突破了 10 亿美元。使用 Venmo，用户只要将银行账户和信用卡的信息与应用程序中的钱包连接上，就可以轻而易举地汇款，操作极其简单，并且有“A 向 B 支付了”这样的到账通知，与 SNS 很相似。

英国的 WorldRemit 公司改变了大家对以往银行汇款方式的印象，提供了利用智能手机面向个人的国际汇款服务。其顺序如下：

① 不再用现金，而是用 Airtime 这种手机预付款的形式汇款；

② 汇款人输入收款人的手机号码、金额、汇款资金的收取方式；

③ 收款人收到来自 SNS 的汇款通知，再加入 Airtime。

在 WorldRemit 所提供的服务中，因国家不同，也可能不用追加 Airtime 这种形式，而是直接往银行账户打款或者在中转店领取现金。在欧美，有很多在外打工的人，他们虽然没有银行账户，却可以使用金融科技服务向自己国家汇款，近年来这样的例子在急剧增加。使用 WorldRemit，即使没有银行账户，只要有智能手机就能够汇款，所以它作为向新兴经济体汇款的基本设施得到了飞速的成长。

起步晚的日本也终于开始行动起来了
——Moneytree、Kokopelli、Metaps

在“决算”领域，有一家面向消费者提供金融服务的美国旧金山 Affirm 公司引人瞩目。它在数字原住民当中很有人气，在与 Affirm 合作的在线购物网站上，由于具备信用卡支付以及用 Affirm 进行分期付款这两种功能，所以即使没有信用卡，也能用在线购物网站购物。在个人财务管理领域，MX 公司通过致力于用户界面的设计，可以说达到了很好的用户体验。据此，就可以实现直观地进行个人预算管理的服务，许多金融机构都在使用它。而且，该公司还提供面向金融机构的营销服务，这种服务是建立在运用收集到的个人交易记录并实现大数据分析功能基础上的。

当把目光转向日本国内时，我们感觉到，虽然日本在金融科技领域的创业环境同欧美相比起步较晚，但是也培育了值得瞩目的初创企业以及相应的服务。下面按照各个领域记录代表性企业的最新信息。

① 个人财务管理

Moneytree 公司经营一种将多个账户采取一元化管理的服务，Zaim 公司提供国内最大规模的家庭收支记录服务。BearTail 公司的亮点是无比细心地为客户手动输入小票的内容，准确度达到 99.98%，它的免费家庭收支记录软件叫“Dr. Wallet”，特征是资产管理和现金管理均可用智能手机搞定。

Smartidea 公司运营着大约有 400 万人在使用的免费家庭收支记录应用软件，名字叫“金钱记账”。它有三大优点，即支付费用时的便利性、简单的操作性、可以免录个人信息，深受用户好评。它还发布了面向 20 ~ 30 岁女性的金融科技 × 娱乐（FinTech × Entertainment）应用软件的“Navi”和“Robo Financial Adviser”等。

MFS 是提出“旨在实现‘所有需要住房贷款的人可以以最为有利的条件借款或者变更还款方式’”这一新思维的公司，从 2015 年

7月开始运营日本第一家住宅贷款变更还款方式的应用软件“MOGE CHECK”。

❷ 比特币（虚拟货币）交易所

Bitflyer 作为国内第一个虚拟货币比特币的交易所相当有名，信息安全工作做得十分到位。BTCBox 在国内市场的占有率达到七成，它是一家具有大数据备份的比特币交易所，进行着比特币、莱特币、多吉币等的交易。作为可以进行比特币 FX① 的交易所，bitbank 创造了一个可以进行比实际资金多几倍交易的系统，它开创的“区块链大学”也开学了。CoinCheck 被认为是国内屈指可数的可以简单购买比特币的交易所，然而在 2018 年网上盗窃事件发生后，被 Monex 集团收购了。

Tech Bureau 经营着提供包括比特币在内的加密货币交易所、汇兑 API 和线上钱包的加密货币等综合服务的品牌“Zaif”，这是一个以比特币交易手续费为负而出名的交易平台。Zaif 具有交易所和销售所两个功能，它是日本国内第一个经营虚拟货币 Monacoin，也是经营时间最久的交易所。它的特点是，不用登录个人信息就可以购买虚拟货币，它还在比特币寻宝应用软件“takara”策划了寻宝活动的计划，它的另一个特点是用户可以拿到手续费。

Orb（旧称 CoinPass）开展谁都能简单制造虚拟货币的服务

① FX（Foreign Exchange）：外汇，交换和买卖美元和欧元等外国货币（汇兑），以赚取差额。

“SmartCoin”，该公司与比特币的区块链不同，凭借排除一切竞争原理的分散型互联网机制，它追求的是大大缩短比特币交易的承认时间，这也是比特币交易的难点之一。

③ 投资、投资顾问、机器人顾问

时间和精力都从零开始投资的 WealthNavi 公司，是一种依据利用者可承受风险的程度，通过机器人顾问提供最优方案的服务。Money Design 是提供机器人顾问“THEO”的公司，通过回答 9 个问题，它会从全世界一万种以上的 ETF（上市投资信托）中，根据个人资产运用的目的和想法给出最优的投资方案（即应该买哪一种商品）。将 AI 和大数据引入贸易的是 Alpaca Japan 公司。它提供的是，将每日的贸易业务用 AI 实现自动化的网络服务“AlpacaAlgo”（旧称 capitalico），并解决面向美国股票应该买什么的服务（Alpaca Scan）。

One Tap BUY 是一家用智能手机可以进行有关证券交易所有手续的在线证券公司，该公司所运用的是只要点击三下就能够向自己喜欢的商品投资的应用软件服务。

④ 保险

SmartDrive 展示汽车社会的变化，从汽车的车上诊断系统实时获取驾驶信息，以汽车相关服务从业者的法人为对象提供低成本、灵活、便捷的事业发展的平台。而且，在面向个人方面，通过驾驶技术的可视化应用软件和诊断服务“DriveOn”，同时与 AXA 保险公司进行业务合作，提供针对驾驶员个人的优惠的“车载信息系统保险”。

⑤ 众筹

Trustbank 运营着众筹捐款给地方政府的纳税综合网站“故乡choice”，积极参加宣传活动的 Satofull 公司运营纳税网站“Satofull”。JG marketing 有着日本最大、好感度很高的众筹服务平台“Shooting Star”，是想为社会做贡献的“支援者”和需要资金支援的非营利团体“NPO”之间的桥梁。在购买型众筹服务方面，东京大学首创、日本第一家众筹的 READYFOR 公司最为活跃。他们为 8 200 多个项目筹集资金，从大约 43 万人那里筹集了 60 亿日元以上的援助资金。

CAMPFIRE 公司运营的众筹平台，主要通过具有创意的电影、产品等项目，从 66 万人那里集资了 65 亿日元以上。Makuake 公司提供的购买型众筹服务的特点是，项目负责人根据提供资金的多少把项目的成果返还给提供资金的支援者。KitchenStarter 是日本首个专门为餐饮业提供众筹的公司，招募为打算开餐饮店和开发新产品的业主提供支援的人，支援者会从项目中获取回报，成立时可以获得 20% 的手续费。在融资型众筹服务方面，CROWN CREDIT 公司通过网络借贷（大众层面的个人投资）平台，日本的个人投资者可以贷款给欧美等国外消费者和创业者，或者对延迟贷款者进行投资。

日本CROWD证券公司通过向个人募集资金，金额不限，从而让更多人参与运用零散资金但有高利息回报的小额投资，这是此前从未有人做到过的，该公司作为众筹平台提供了日本最早的网络借贷服务。

Music Securities公司通过“Security”平台从每个账户出资数万日元，最初是作为面向音乐家的基金，最近也用于为受灾地区筹款募捐等各个领域，众筹除了红利以外还能够得到商品等回报。在股票式众筹服务方面，日本Cloud Capital运营的是可以购买未上市股票的“FUNDINO”平台。

⑥ 经营与业务效率的提高

Kokopelli公司运营着国内最大的面向中小企业的专家咨询服务“SHARES”，和接受会计等的外包“东京会计工资计算代理中心”。Freee是一家宣称会计效率达到50倍的会计云软件公司。Money Forward是一家通过做电视广告而出名的家庭收支记录应用程序公司，具体来说，广告起用了以东方广播为中心做成的舞蹈和声乐单元RADIOFISH。VELC是一家为使中小企业的业务经营实现一元化管理和达到高效而提供云式业务、经营管理系统“board”和智能手机应用程序CMS“Patto”的企业。

MakeLeaps销售拥有国内两万人以上的个体户和法人用户的业务型云工具“MakeLeaps”，像账单、询价单、订货单、交货单、发票这些必不可少的业务文件都可以在线进行一元化管理和交付，只要输入作业时间，制成作业报告书，点击一下就可以切换到账单等，可以制作各种各样的文件。

Crowd Cast是一家自2009年开始以智能手机为中心开发和提供应用软件的企业，它不使用excel表，而是用智能手机进行最短时间内的经费结算服务（“Staple for弥生”），面向法人的经费结算方式是“Staple”，面向中小企业进行在线资金筹措计划的支援工具是“Staple Pulse for HANJO HANJO”。

MerryBiz是为解决税务师事务所、中小企业输入收据的繁琐问题而提供的一种服务。MerryBiz重视保护个人隐私，提供代理会计数据输入业务。如果你把收据、发票、账单等寄给他们，他们就可以代替你往会计软件里输入信息，一周内你就能够收到会计文件。

SmileWorks是一家经营SaaS①型的云和应用程序的公司，为许多大公司提供会计、工资、销售、采购、管理等综合业务，系统服务包括“ClearWorks”、在线数据存储“SECURE FOLDER”、Web会议系统“NET FORUM”、无程序设计自动网页“SmileCMS”、云系统开发运用管理等，该公司也成为日本工商协会的IT顾问。

Klavis提供一种称为“STREAMED”的云财务管理服务。Accounting SaaS Japan（现为Mikatus）公司面向税务师事务提供处理云税务、会计、工资的系统“A-SaaS”，被税务师事务所购入了

① 一种软件支付模式，供应商通过网络向用户提供软件服务（主要是应用软件），用户无须一次性购买即可使用。

2 100件，登录顾客人数达到12万次，在云会计、税务服务中所占比重为第1位。

JP Links凭借“Bankur”，通过与金融机构的合作和独自开发的系统完全实现了自动化，做到了大幅度削减和汇款有关的业务负担以及成本。

ZUU提出“让世界上90亿人实现平等地学习与竞争，挑战梦想！”的口号，用“ZUU online”发送“为踩好人生的油门所不可缺少的汽油（即金钱）”的信息——作为金融科技，为了推进支援事业启动网页媒体“FinTech online”，调查世界各国的金融科技信息，给金融机构和有关人士发送有价值的信息。

ZAISAN Net于2015年设立，它像预报天气一样预测一小时之后的股票动向，以旗下“兜予報”所提供信息的精度之高受到好评。关于在以往的经济新闻中无法弄清楚和金融有关的社会形势等问题，他们的做法是把在电视等上面活跃的金融分析师的个人意见通过“兜予報”发送出去，上面清楚地记载着这些股票价格是上涨还是下跌，抑或停滞不前。同时它把匿名输入的数据和金融商品组合制成“资产交易报表窗口”，提供给有需求的投资顾问与投资者。

Finatext是2013年设立的由东京大学发起的金融科技企业。它的强项在于金融、IT和设计，把强大的开发能力和金融知识融合在一起，提供给用户友好的移动办公服务。为了唤起年轻人对股票的兴趣，他们运营“预测明天股票的上涨和下跌”的应用软件“明日股”。与“兜予報”不同，通过用户参与型平台为股票交易初学者提供简单易学的入门技巧服务。并且，提供投资信托选择的智能手机应用程序“Fundect”，在2017年1月继2016年设立的中国台湾地区法人之后，在马来西亚设立了亚洲圈第二家当地法人的公司。

Uzabase标榜“提供用于企业活动决策的信息基础设施”，它是一家运营“SPEEDA”“NewsPicks”的网络媒体企业，“SPEEDA”网站上注明“需要7天的业界分析可以缩短成1小时”，这是一种为企业和业界提供分析的在线信息服务。“NewsPicks”是兼有社会机能的经济新闻平台。

Nowcast以东京大学渡边努研究室的“日经和东京大学每日物价指数项目”为基础，以提供“经济统计”数据库服务为目的，帮助“了解‘当下’的经济”。

Liquid通过生物体信息的索引化、深度学习带来的快速检索，以及独自开发的认证系统三项技术，开发出生物认证的产品。提供无须卡与现金的指纹式收款方式“LIQUID Regi”和同类型的支付服务“LIQUID Pay”。

Capy的代表是冈田满雄先生。他从美国俄勒冈大学毕业后，在京都大学取得情报学博士学位，在日本和美国获得十多项奖项，在美国特拉华州设立了Capy。为了阻止未经授权就登录这一严重侵权情况的发生，开发并提供法人几分钟之内一次性引入防止未经就授权登录的工具。

BankGuard是专门防范网络银行不法汇款的企业，通过使用图像替代从前乱码表上的英文数字等，防止利用者搞错而出现未经授权的链接。

Kyash 构筑个人之间能够汇款的平台，把在店里进行 AA 制消费、旅行费用等平日里的金钱往来加以简单化作为自己的使命，为使用者提供实时的信用卡利用信息。除此之外，还提供汇总信用卡利用情况的支付档案，以及能够控制信用卡上限额度和可否利用的功能等。

Caulis 是一家作为下一代 ubiquitous① 社会的安全服务器，它开发的“FraudAlert”可以保护公司站点免受不断变化的网络攻击。

SourceNext 向 MoneyForward 公司出资，以电脑低价格软件包为中心，在防病毒软件中占比名列前茅。它有很多热卖商品，诸如 Windows 用的加速软件“惊速”、打字软件“特打”、免费更新的防病毒软件“ZERO”系列、明信片制作软件“笔王”等。它也提供“Dropbox”“Evernote”，从 2010 年起还提供智能手机应用软件。

⑦ 面向法人、个人的支付

GMO Payment Gateway 提供 SaaS 型综合支付服务，有着日本国内约 8 万件最大规模的支付业绩。Flight Holdings 虽然做的是 IT 顾问，但在金融科技领域，它也提供移动型电子支付终端和支付应用软件服务等。2016 年开始在美国、欧洲、亚洲等地提供平板电脑联动式信用卡支付装置“Incredist”的新产品“Incredist Premium”。

---

① 无处不在（ubiquitous）：通过计算机等，无论何时何地都可以简单地获取想要的信息。

大日本印刷的子公司 Intelligent Wave 的信息处理技术主要用于信用卡支付的在线系统，可以实现每年 365 天、一天 24 小时实时处理可靠的信用卡交易。

Metaps 以处理开展销售、金融、消费这三种事业时得到的数据为主，是一家以“dataomics”为主旨的企业，是佐藤航阳（现任总经理）于 2007 年（当日还在早稻田大学读书）设立的，目前事业扩大到世界上 8 个国家。该公司制作出运用人工智能的应用软件收益化程序“Metaps”、带有信用卡支付功能的链接，以及便捷的在线支付服务“SPIKE”。

BASE 从免费制作网店服务的运营开始，自 2015 年起开启信用卡支付服务。引入 EC 网站的信用支付功能“PAY. JP”，初始费用和每月费用都为免费。

WebPay 是 LINE 的子公司。

Coiney 提供低廉的支付手续费和随时随地便捷的信用卡支付的服务。因为只要连接智能手机和平板电脑的小小终端就可以使用，所以正在渗透到迄今为止不用信用卡支付的医疗、不动产和汽车等行业中。它同 LIXIL 进行业务合作，也同茨城县信用组合和住友信用 SBI 网银等金融机构建立了合作关系。

Exchange Corporation（现 Paidy）提供输入手机号码和邮箱地址而不用进行会员登录也能使用的“Paidy”服务。他们标榜“国内一亿人以上的顾客都可以利用，实行实时在线支付”，将信用卡以外的主要支付手段合为一种支付方式。所有支付都是实时处理，还有供许多店铺用户使用的“AQUSH”网络借贷服务。

Kanmu从2013年开始与大型信用卡公司合作，运营“Card Linked Offer（以下简称CLO）”。CLO通过使用信用卡数据来进行垂直细分市场化，他们的手法是向使用不用导入设备的信用卡支付基础设施的店铺输送顾客。目前已经拥有接近200家加盟店，从2016年开始同Orico公司合作，面向年轻人提供Visa个人信用卡“Vandle”。

Ubiregi提供使用iPad的POS（Point of Sales）收款的收银系统。还可以与会计作业同时掌握热卖品的销售状况和库存管理。

Recruit Lifestyle经营Hot Pepper美食和Hot Pepper美容，在金融科技方面，提供免费的POS收银应用“Air收款”。

Royal Gate是一家提供一站式综合IT咨询的公司。在金融科技方面，被称为“PAYGATE AIR”，有应对多种支付的智能手机型信用卡服务和对应PC、平板电脑、智能机的“CODEGATE”多种支付系统。

Link Processing不仅用作信用卡，还提供智能手机和平板电脑各式支付手段的“Anywhere”服务。利用智能手机和平板电脑中的应用软件，不论何地，都能进行快速支付。而且，凭借日本信用卡协会（JCCA）认定的智能手机CCT（信用卡支付终端），可以提供更高水平的安全的“JET-Smart”。

⑧ 其他金融科技相关领域

从2010年开始连续四年登上世界金融IT服务企业排行榜

（FinTech100）的野村综合研究所，在 2011 年提供了 ASP（SaaS 型）模式的网上银行解决方案“Value Direct”。电通集团的电通国际信息服务从 2012 年开始举办在金融科技新兴企业中被称为“登龙门”活动的“金融改革商业会议”。

Simplexe 是松井证券机器人顾问系统领域的一家老店，2015 年、2016 年连续两年进入世界金融 IT 服务企业排行榜“FinTech Forward Rankings”。

NTT data 在 2015 年正式发表“开始向金融机构提供 IT 新金融服务的金融科技支援服务”，在 2016 年以开创新的金融相关服务为目的，启动了“BeSTA FinTech Lab”。

Ceres 是至少有 500 万用户的国内最大级别的积分网站，运营“moppy”，通过在线服务的登录和阅览免费游戏、网络购物、邮件等形式发送的广告积分，然后以“1 个积分 = 1 日元”兑换现金、各种电子货币和游戏等数字内容，还提供与东京大学的初创企业 janom 共同开发的比特币汇款服务“Coin Tip”。

OPT 提供业界第一位以互联网广告代理事业为主的电子商务服务。运用媒体、广告商品和相关技能，对顾客的电子商务进行支援，也就是说，通过收集和分析网上的阅览数据、网站内和店铺的实时数据，以及与用户行动相关的各种大数据，为顾客提供解决课题的对策。

金融机构和金融科技的 5 个发展情境
——投资趋势仍将持续，下一个目标是亚洲

如果说金融与新一代 IT 的融合就是金融科技的话，那么以往的“金融业界”和门户网站、SNS、IoT、大数据、AI 这数字化转型革命 5 大技术要素所构成的“新一代 IT 业界”的关系，今后将会变成什么样呢？我对今后可能发生的金融机构和金融科技企业之间相互作用的可能性，假设了如下大致 5 种情境：

① 金融机构将把金融科技企业作为下属承包单位加以利用；

② 金融机构将收购金融科技企业；

③ 金融科技企业将开展独立的金融事业并把金融机构驱逐出该领域；

④ 金融机构和金融科技企业合作共享收入[①]；

⑤ 金融科技企业收购金融机构。

在考虑这 5 种版本的可能性时，我们有必要考察下目前针对金融科技企业动向的投资。根据 2016 年 5 月 25 日国际会计师事务所

① 收入共享（Revenue Share）：与合伙人共同承担风险，并且以预先决定好的所占利益比例进行分配的合作方式。

KPMG 对 CB insights 的公开统计报告，2016 年第一季度由风险投资（VC）向金融科技的总投资额为 49 亿美元，达到过去最高水平，1 到 3 月期间的投资超过了前一年即 2015 年同季度的 25 亿美元，更超过 2014 年同期的 16 亿美元，2016 年成为过去最高水平。

再看 49 亿美元的详细内容，对中国企业的投资最明显，资金筹措排行榜前 5 位的公司如下，仅中国的企业就接近 24 亿美元。

第 1 位 = Lu. com（中国，12 亿美元）

第 2 位 = JD Finance（中国，10 亿美元）

第 3 位 = Oscar Health（美国，4 亿美元）

第 4 位 = Welab（中国，1. 6 亿美元）

第 5 位 = Betterment（美国，1 亿美元）

这个增长趋势目前仍在继续，向美国的投资已经告一段落，今后会向亚洲和非洲扩大金融科技投资。对于这种动向，若干家既有的金融机构鉴于金融科技代替以往业务的可能性，在加强自己内部金融服务研发体制的同时，开始了面向金融科技企业以及大型 IT 初创公司的合作。

大型 IT 企业联合金融机构和金融科技企业
——富士通、NTT data、日本 IBM 展开积极果敢的参与工作

金融厅开始了以普及金融科技为前提的新立法工作，预计银行将启动电子商务交易和移动支付等业务。目前，银行的子公司只经营本行的金融业务，但如果规定放宽的话，在与本行业形成互利互惠效果下的收购工作将有可能发生。同样的规定在欧美已经放宽，日本的银行今后将为推进金融科技而进行改革。规定的放宽可能导致金融机构收购金融科技企业的局面出现。

大型 IT 企业开展金融科技始于 2015 年，由富士通、NTT data、日本 IBM 3 家公司引领。3 家公司的共同之处在于，提供将金融机构和金融科技企业相结合的平台，通过将金融科技企业逐步包围的方式，站稳向金融机构推行 IT 业务的立场。在 3 家企业当中，最积极的是富士通公司，它从 2015 年 9 月开始了有国内金融机构和金融科技企业等总共超过 100 家公司参与的金融科技推进企业联盟活动。

富士通公司主持该企业联盟活动，举行金融科技企业的成果发表和竞赛等活动，为金融机构和金融科技企业之间的交流提供场所。参加该企业联盟活动的还有三菱 UFJ 银行、瑞穗金融集团、三井住友银行、野村 holdings、日本生命保险、JCB 等。除此之外，日

本微软、VM ware、SCSK、TIS 等 IT 企业也参与进来。

NTT data 从 2015 年 7 月开始提供“数字企业合作加速项目”（DCAP，即支持由一般企业与初创企业之间开展的新商业创办工作），瑞穗银行采用了该项目。日本 IBM 从 2015 年 10 月开始“IBM FinTech 项目”，以金融机构为对象提供三个阶段的服务，即“深入了解与 FinTech 有关知识的阶段”，“使想法具体化，对系统进行实证和实验的阶段”以及“连接金融机构的现有系统，真正导入服务的阶段”。

综上所述，富士通、NTT data、日本 IBM 行动起来了，这样在日本，金融科技就成了 IT 产业的一大趋势。

创造数字化金融社会吧
——在日本，金融科技企业收购金融机构的可能性很低

那么，在金融机构和金融科技企业 5 种情境的可能性中，鉴于欧美国家政策宽松，且风险投资方经验丰富，新兴金融科技企业所提供的金融服务代替现有金融机构的可能性大大提高。也就是说，如前所述的版本中，第③种情境“金融科技企业将开展独立的金融事业，并驱逐金融机构”的可能性最高。或者，有着强有力顾客基础和资金能力，如谷歌、亚马逊、苹果、脸书、微软 5 家公司，这其中任何一家，或是这 5 家公司都参与收购新兴金融科技企业，在

自己公司内部开始同样的服务，以此来取代现有的金融机构，从而称霸金融科技市场，这样的可能性也是很大的。

在欧美，与日本不同，不存在IT产业的多重承包结构，所以情境①“金融机构把金融科技企业作为下属承包单位加以利用”的可能性极低。情境②“金融机构将收购金融科技企业”，我认为目前的可能性还是有的，但由于组织结构完全不同，是不会持续下去的。情境④“金融机构和金融科技企业合作占股”只能作为暂时的可能性存在，从现有的金融机构存在意义丧失这点来讲，也没有持续性。情境⑤“金融科技企业购买金融机构”，因为组织结构完全不同，我认为可能性几乎没有。

在日本，从富士通和NTT data、日本IBM等公司的动向来看，大型IT企业介入现有金融机构和金融科技企业中间，站在支援现有金融机构的金融科技服务立场上的可能性最高。也就是说，情境①“金融机构把金融科技企业作为下属承包单位加以利用”的可能性较高。

另外，美国的金融科技企业或者说金融科技服务驱赶日本的金融机构，即情境③的可能性也较高。鉴于日本特有的企业环境，情境②“金融机构将收购金融科技企业”，开展相同业务也完全有可能。日本出现金融科技企业以后，驱逐现有的金融机构，虽然说也有对情境③的期待倾向，但很遗憾可能性不高。纵观日本的企业环境，我想，情境④“金融机构和金融科技企业合作占股”和情境⑤“金融科技企业收购金融机构”这两种可能性几乎没有。

金融科技是在第四次工业革命，即数字化转型革命潮流中的“金融业的数字化”。金融科技通过利用数字化转型革命的5大技术要素——门户网站、SNS、IoT、大数据、AI，与现有的金融机构进行比较，正在实现其高便利、低成本的金融服务。其结果是会从根本上改变金融的形态本身，金融厅加速实行和继续放宽规定，企业将此视为巨大的商机，不断推出新的服务，这样就可以创造出领先世界且符合人们需要的数字金融社会。

第5章

机会在“世界的以色列”——日本的“装配能力”发挥作用共创新时代

日本创生新闻

第5章

二〇三〇年×月×日 星期×

发行人：藤原洋

Nihon Sousei Shinbun

诺贝尔奖得主倍增

——『Why』式学校教育构成其背景

2030年将变成这样

- 将会出现以色列从0到1的发明能力与日本企业擅长的从1到10的装配能力相结合的协作（协力合作）；
- 由日本、美国、英国、以色列4国组成的电脑安全合作得到加强；
- 对人才和技术的投资提高，日本科学家和技术人员的水平上升。

2030年以后，日本人获得诺贝尔奖的人数激增。究其原因，可以说是学校教育从日本型向以色列型转变而产生的巨大影响。在家庭与学校教育中，问孩子“那是为什么”，然后再引导孩子回答，这是以色列的教育传统。同样的教育方式在日本全国各地的中小学展开。其结果是，由自己设定课题再设法找出答案的研究者激增。与此同时，论文的质量提高了，这直接关系到近年来研究成果的取得。

与以色列共同形成的“生态系统”发挥特色

——靠发明能力 × 装配能力掀起革新促进日本企业的跃进

迄今为止，以色列主要同欧美企业形成了国际生态系统。可是，到2030年，同日本企业的共同研究将日趋活跃，以色列将继续保持其依赖“从0到1”发明能力的状态。

像日本的大型电机生产厂家 B 那样，利用以色列最先进的技术，将技术产品化并销售出去，把销售利润的一部分用于以色列的技术研发经费。B 还定期派遣公司员工去以色列的大学进修。

革新从硅谷延伸到深圳

——中国新兴企业数量激增

引导所有产业实现数字化，即引起数字化转型革命的是美国的硅谷。但是，2018 年全世界技术进步最大且产生了革新的，也许就是中国的深圳。现在的硅谷实际上并不制造商品，在硅谷诞生的好想法立即传播到深圳，硬件的试制等都在深圳进行。这种局面已经持续了数年，所以，深圳的企业可以做到自己想出好点子，甚至有的企业竟然说出“不再需要硅谷”这样的话。这些企业的代表有阿里巴巴、腾讯、华为等，它们都是中国的新兴企业。

即使对于日本企业来说，中国企业也已经成为不可小觑的存在了。现在与其说革新在硅谷，不如说是在深圳。并且，我感觉硅谷的生态系统①与深圳的生态系统很相似。就如同在硅谷有斯坦福大

① 生态系统（Ecosystem）：在商业领域里，表示特定行业的整体收益结构，将整个业界提高收益的商业模式比喻为生物学概念中的“生态系统”。

学一样，在深圳有香港科技大学深圳研究院（The Hong Kong University of Science and Technology）。香港科技大学是近20年来飞速发展的大学，我有一位在贝尔研究所工作期间共事的朋友在那里，因而有机会走访。它的院校内居然有半导体工厂，令我大为吃惊。而且，这所大学还不断地聘请美国一流研究者担任教授。斯坦福大学是一所靠市场原理发展起来的大学，但香港科技大学是靠中国政府的重视和资金投入才发展起来的，这一点两所大学很不同。中国有名的大学都是国立的，有着丰厚的资金能力。

要进行革新，与技术同等重要的是有提供资金的金融机构的参与，硅谷就有许多风险投资公司①和天使投资者②。纵观2015年初创企业财务投资总额，美国以约723亿美元的绝对优势排在世界第一位，第二位的中国也有492亿美元，第3位的欧洲是144亿美元，从这些数字我们可以看到中国投资额的巨大。而日本只有8亿美元，中国对初创企业的投资额实际上超过日本60倍之多。

那么，深圳也像硅谷那样，有很多初创企业和个人投资家吗？实际上并非如此。给予以深圳为首的中国初创企业巨额投资的是国家，即中国政府。考虑并决定怎样设计国家发展之路的是中国政府，现在的中国不仅主张自由、民主和人权，且以经济发展为最优

---

① 风险投资公司（Venture Capital：VC）：为追求高回报而进行积极投资的投资公司（投资信托）。

② 天使投资者：给予初创企业以资金援助的富裕的个人投资家。一般来说作为投资的回报，能够获取股份和可转换债券。

先国策，因此投入巨额资金发展经济。这一点也与民间主导的美国硅谷不一样，中国把它视为国策。看到处在这样一个环境中的深圳，想必今后还会有越来越多的新兴企业诞生吧。

从 2016 年的新兴企业数字来看，美国大约有 300 万家，平均每天诞生新企业约 8 000 家，中国超过 550 万家，平均每天大约有 1. 5 万家新企业诞生。而 2015 年是每天大约 1. 2 万家新增企业，可以看出激增的趋势有多强。

深圳模仿了硅谷吗

——香港证券交易所是香港的纳斯达克（NASDAQ）

使硅谷的企业获得巨大发展的是给予那些企业投资的证券市场纳斯达克（NASDAQ）的存在，对纳斯达克推动了美国的经济发展这一说法应该没有人持异议吧。而为深圳提供资金的则是香港证券交易所。根据野村资本市场研究所的研究分析，2018 年 2 月末各个证券交易所的时价总额如下所示：

纽约证券交易所：约 2 490 兆日元

纳斯达克（NASDAQ）：约 1 130 兆日元

东京证券交易所：约 670 兆日元

中国上海证券交易所：约 570 兆日元

中国香港证券交易所：约 480 兆日元

泛欧交易所：约 480 兆日元

伦敦证券交易所：约 360 兆日元

新加坡证券交易所：约 90 兆日元

也许有人会认为新加坡证券交易所比香港证券交易所交易额大，但实际上后者更大，是前者的 5 倍以上。东京证券交易所的时价总额虽然也在逐渐增加，但在 1991 年泡沫经济崩溃时跌到了谷底，那之后才渐渐开始有所回升。

在硅谷和深圳分别有斯坦福大学和香港科技大学这样的技术研发据点，还有纳斯达克和香港证券交易所这样为资金筹集提供方便的证券交易所。虽然在资金来源方面，硅谷是靠个人和企业等民间形式筹集，而深圳是靠中国政府，在这一点上两者大为不同。可是，作为生态系统来讲，两者还是极其相似的。我的看法是，中国政府认真研究了硅谷，以赶超美国的形式创造出深圳这个经济特区。

以色列的“全球生态系统”指的是什么

——他们的合作伙伴是美国和欧洲

无论是资金、人才，还是想法等方面，硅谷和深圳的生态系统都在本地区内形成了一个良性循环结构。与此相对，不仅在本地区内，还在全球生态系统范围内掀起了革新的却是以色列。如果说硅谷和深圳是“本地区内生态系统”的话，那么以色列则是“全球生态系统”。

我们思考为什么会产生这一差异，难道不是因为在以色列国内并不存在一个大市场这个实际情况吗？首先，硅谷的企业瞄准的是人口超过 3 亿的美国，深圳的企业面向的也是人口超过 13 亿这样一个巨大的中国市场，他们为了各自的市场去开发产品和提供服务。

另一方面，人口仅有 860 万多一点的以色列，即使面向其国内市场开发产品和提供服务，市场也很有限，所以从一开始就盯着美国市场和欧洲市场做好技术研发。在以色列诞生的技术被美国和欧洲的企业产品化，用于企业的发展。而那些发展起来的企业反过来又向以色列投资，这样技术就更加进步，产生革新，形成良性循环的生态系统。因此，英特尔、谷歌、微软、IBM、飞利浦等公司都在以色列拥有研究所和研发中心，然后把在世界上赚到的资本再投资到以色列，从而促进了技术的进一步提高。

比如，英特尔公司开发的 CPU 的一半都是以色列制造，据说以前 100% 都是以色列制造。如果说中国是世界的工厂，那么也许可以说以色列就是世界的技术研发中心。2018 年 6 月，日本组成 34 人的视察团赴以色列，现场视察了飞利浦最先进的研发中心等。飞利浦是代表欧洲的电机生产厂家，曾经同松下电器产业（现在的松下公司）合作，也同索尼公司合作生产 CD，现在摇身一变成了数字医疗设备生产厂家。

以色列处在全球生态系统的中心，以我个人的意见，日本企业也应该加入其中，那一次的视察当然也是出于这个目的进行的。除了竹中平藏先生，一桥大学、早稻田大学等大学的学者，以及日本经济新闻社的专家以外，视察团成员多为企业界人士。从职业来看，有金融、物流、制造业、电力、地方政府等不同行业，真可谓笼络八方啊。

同美国关系密切的金融网络
——在投资额方面日本望尘莫及

以色列虽然仅有860多万人口，但其新兴企业投资额在2015年居世界第5位，达到26亿美元。刚才也讲过，日本是8亿美元，还不足以色列的三分之一。从新兴企业资本的组成来看，以色列大约是5 000亿日元，而日本竟然只有2 000亿日元。在日本创办企业，平均每家公司投资资本大约是8 000万日元，美国平均每家公司大约为10亿日元，以色列也是每家公司10亿日元。可见，在日本创业和在美国、以色列创业所投入的资本居然有两位数的差距。通过这样的投资，以色列在微电子、航空宇宙、纳米技术、防务、军事、医疗设备、生命科学、化学、药品、农业科学、水科学（淡水化等）、再生能源等高科技领域拥有世界一流的技术。

以色列之所以能够吸引这么多的新兴企业投资，是因为它和美国的关系非同一般。犹太人社区基本都分布在以色列和美国，因此对于犹太人社会来说，以色列和美国就是一根绳上拴着的两只蚂蚱。GoldMan Sachs 和 Merrill Lynch 等大型金融机构里有很多犹太人，美国的新兴企业里犹太人也不少。也许存在着我们日本人并不知晓的犹太人社会组织，通过那些组织和机构，向以色列投入大额资金。

实际上，美国的新兴企业资本很多流入以色列。也许日本人并不知晓，很多企业在特拉维夫证券交易所上市，继而在美国的纳斯达克上市。日本企业想在纳斯达克上市出乎意料地困难，能够上市的也就只有麒麟控股公司、日产汽车、任天堂等大企业。在起步阶段以互联网为主的企业，如软银和乐天，这两家公司都没有上市。而在特拉维夫证券交易所上市的以色列企业有大约四分之一也在纳斯达克同时上市。我所在的互联网综合研究所也试图在特拉维夫证券交易所上市，同时还想在纳斯达克上市。

改变日本的启示就在以色列

——务必把握住数字化转型革命这个绝好的机会

美国和中国都是比日本人口多的国家，由于人口差很大，有一些日本人颓丧地表示“凭经济能力无法胜过美国和中国”，但我不赞同这样的说法。的确，靠 GDP 总量比胜负的话，日本不能胜过人口多的美国和中国。但是，如果按照“人均 GDP”计算的话，日本完全可以取胜。

我们来看看美国、中国、日本和以色列在 2017 年的人均 GDP（在 190 个国家中的排序）吧。

美国：5.950 1 万美元（第 8 位）

中国：8 582 美元（第 74 位）

日本：3.843 9 万美元（第 25 位）

以色列：4.258 万美元（第 22 位）

因为中国的人口有超过 13 亿之多，所以人均 GDP 只有 8 582 美元。美国的人均 GDP 接近 6 万美元，远远超过日本。日本度过了“失去的 20 年”，在那 20 年间，被美国超过，也被以色列超过。为什么会这样呢？再重复一遍，就是因为在这 20 年里，日本在互联网化、IT 化、数字化方面半途而废。（以色列相关资料见表 5）

表 5　认识以色列

人口	868 万人（2017 年 5 月，以色列中央统计局）
面积	2.207 2 万 km^2（大小相当于日本的四国岛）
首都	耶路撒冷
全国 GDP（国内生产总值）	2 961 亿美元（2015 年，外交部）
人均 GDP（美元）	3.534 3 万美元（2015 年，外交部）
民族	犹太人（约 75%）、阿拉伯人及其他（约 25%）（2016 年 9 月，以色列中央统计局）
语言	希伯来语、阿拉伯语
宗教	犹太教（75%）、伊斯兰教（17.5%）、基督教（2%）、德鲁兹（1.6%）（2014 年，以色列中央统计局）

美国发明了互联网，拥有优先实行互联网化、IT化、数字化的特权也是事实，可是以色列不同。看一下北欧各国，很多国家人口虽然少却较早地推进了数字化，经济因而得到发展。那么，如果将产业的数字化转型革命视为绝好的机会，朝着人均GDP达到最高水平的方向努力，日本也会大有前途。

日本和以色列自然资源匮乏，这一点与美国和中国不同。对于日本和以色列来说，最大的投资对象是“人”，是人创造“技术”。推进科技立国的以色列通过对人和技术投资，凭借研发投资（在GDP中的占比）、科学家和技术人员的比例（占总人口比例）、总人口中的人均大学学历数、学术论文出版数等占据着世界首位。

还有，根据达沃斯论坛上所做的著名世界经济论坛（WEF）世界竞争力报告报道，以色列的“科学家和工程师人数”排在世界第一位，“技术熟练程度”排在第三位，“研究机构的质量”排在第四位。日本想要改变的诸多启示就在于向以色列学习，恐怕这么看的人不只我一个吧。

以色列擅长的是“从0到1”

——卖掉公司是成功诀窍之一

前面讲过，以色列是世界的技术研发中心，反过来讲，担任最终把技术产品化和销售产品的正是欧美企业，比如英特尔和飞利浦。这也正是以色列的全球生态系统同硅谷、深圳不同的地方，也正因为如此，我想日本企业也可以加入其中。

我的意思是，以色列擅长的是“发明能力”，即“从0到1”。而按照从1到10的顺序去制造最终产品，他们并不擅长。因此，即使说创业，也只能称他们为“连续创办企业的人”，即连续开创企业，然后再将新创办的企业卖出去，这样的人居多。我们的股东投资的某一家企业，它的原经营者竟然是第13次卖掉自己的公司了，而且这还被当作英雄事迹来讲。而在日本，卖掉自己的公司会被当作不好的事情。他们会说：“半途而废了吗？”或者说：“您把自己那么重要的公司给卖掉了呀？”在以色列则完全相反，是被视为具有积极意义的事情。

在我大学毕业入职IBM公司3个月就辞职时，父亲对我大发雷霆，他说：“这会对你的履历构成损害的！”其实这样的想法至今依然盛行于日本社会。在那以后，我去了美国，却被当地人这样评价道：“能在IBM那样的大企业只干3个月就辞职，真了不起啊！”就这样，美国人都很佩服我。

犹太人从来不认为应该在一家企业里永驻，他们认为组织这种东西只在对自己有益时才有存在的价值，感到组织对自己毫无帮助时，就认为应该改变现状。如果没有一个组织对自己有益，他们就会去创造一个。在以色列人看来，相当于斯坦福大学、香港科技大学的特克尼恩（以色列理工学院）的大约四分之三毕业生都有志于成为企业家。而东京大学等日本一流大学的理工科毕业生的比率恰好相反，他们中的大多数恐怕都是想去员工一万人以上的大企业或者政府机关等。

表6　科技大国以色列的8个特征

① 在高科技领域走在世界最前沿。在通信、信息技术、微电子、宇宙航空、纳米技术、防卫和军事、医疗设备、生命科学、化学、药品、生物工程、农业科学、水科学（淡水化等）、再生能源利用等领域拥有世界顶尖技术；
② 优秀、勤劳、热心教育和研究的国民性；
③ 政府鼓励科技研发；
④ 用于研究开发方面的投资（GDP占比）、科学家和技术人员的比例（人口占比）、人均本科学位数、学术论文出版数均为世界第一位；
⑤ 教育和研究机构的质量也是世界顶级；
⑥ 魏茨曼科学研究所（自然科学研究院）因技术转让获得的收入居世界第三位；
⑦ 以色列理工学院是一所以培养出包括诺贝尔奖得主在内的众多优秀技术人才闻名的世界顶级工科大学；
⑧ 根据WEF世界竞争力报告，以色列在“科学家和工程师的供给”方面居世界第一位，在“技术的成熟度”方面居世界第三位，在“研究机构的质量”方面居世界第四位。

不过，即使是以色列理工学院的毕业生，实际上也只有四分之一的人能够创业，因为当企业家不是那么容易的事情。那么，更多的毕业生都去做什么了呢？他们都去了英特尔、谷歌、微软、飞利浦、西门子等欧美先进企业的研发部门。这些欧美先进企业也想吸引优秀的犹太人进研发机构，所以在以色列创办了技术研发中心。因此，他们都是被高薪聘请的，对于成绩优秀者来说完全是卖方市场。比尔·盖茨说过，以色列的研究最有助于微软的发展，其实许多先进企业的经营者都是这么认为的。

凭日本的“装配能力”带动发明能力
——与以色列的“从 0 到 1”进行角色分配

以色列非常擅长从 0 到 1 的发明，与此相对，日本不怎么擅长从 0 到 1，那么日本擅长什么呢？日本在从 1 到 10 这样一种细致制造的“装配能力”方面很强，因为在日本有装配能力的人会受到高度评价。

在日本，有“即使你想到了一种离奇的想法它也不会变现的”“请你做好卖出就能营利的研发吧！”这样的说法。如此，从 0 到 1 是不可能实现的。相反，以色列倒是很擅长从 0 到 1，他们已经创造出了从 0 到 1 的特殊生态系统。目前，日本也应该积极参与这种生态系统，像欧美先进企业一样承担起最终产品化和销售。当然，也需要创造出有别于欧美企业的独特之处。以色列从 0 到 1 的发明能力，日本从 1 到 10 的装配能力，这样的角色分担，对以色列和日本双方来说，都是大有裨益的。因此，我们应该思考这样一个问题，那就是，在以色列和日本之间，具体怎样的角色分工才是有可能的？在思考这个问题之前，我们最好确认一下为什么以色列，也就是犹太人，擅长从 0 到 1 呢？

重视“为什么”这种让人主动思考的教育
——在课堂上提问题的以色列学生

我与以色列真正接触是在 2016 年 6 月被邀请到以色列理工学院授课的时候，在以色列理工学院的授课经历令我十分震惊。其实，我在日本的东京工业大学等多所高校讲过课，也有过在美国和中国高校讲学的经历。从这些经历中我观察到，日本大学生安静专注地听课，但不会积极地提问。美国和中国的大学生不仅热心听讲，下课时也会踊跃提问。可是，以色列的大学生在讲课时就会打断我，这样的经历我还是头一回有，所以非常震惊。

如此不客气地提问正是家庭环境、家庭教育影响的结果。英语中把善于教育自己孩子的妈妈叫作“jewish mother”（犹太妈妈，即教育妈妈之意），这是因为犹太妈妈对教育孩子非常热心。要说教育妈妈，日本也许不输给以色列，但日本的教育妈妈从小学低年级开始就把自己的小孩送进私塾，以求培养出高分孩子。与此相反，犹太人的教育妈妈所进行的，是诸如“那是为什么？”“想想看是为什么？”的提问式教育，以培养他们的思考能力。

诸如父母教育孩子“为什么”，让孩子思考，思考后仍然不懂就去问别人，直到弄懂为止，正是这种教育使课堂上出现提问。日本人做数学题时，对答案只有一个的问题得心应手，一旦遇到需要自己思考找出答案，有时甚至是创造出答案，即答案不确定或不唯一的问题时，就显得一筹莫展了。

相反，“为什么?”这种让人不断深入思考的教育却在培养人靠自己思考发现答案或创造答案的习惯，犹太人对此十分擅长。他们擅长从0到1的创造，在研究领域，菲尔兹奖和诺贝尔奖的犹太得主在全世界遥遥领先。

对日本来说，通过模仿先驱者从而赶超他们的时代早已过去，今后应该学习以色列，不是学习How（怎么样），而是学会自己思考Why（为什么），为了解开尚无答案的问题，需要在教育方面下功夫了。为了对世界做出贡献，不是模仿他人，而是成为被模仿的人。并且，一旦被模仿了，还要继续进步，开始新的起步，只有这样才行。今后对实业的要求也在于创造性方面。

中国企业也没有做到“业务协作”
——人员交流频繁的是欧美企业

话题回到实业界，想要进入以色列的全球生态系统的国家绝不仅仅日本一个，中国和印度也行动起来了。利用以色列发明的最先进技术，最终实现产品化并将其销售出去，即实现“产业化”，目前堪当此任的只有欧美企业。中国和印度等国的企业想代替那些欧美企业，独自建立起产业化，恐怕是十分困难的。

尽管如此，据说中国企业几乎每周都要拜访以色列，用以色列人的话说，虽然来自中国企业的投资多，但仅仅停留在投资的领域。在我看来，把赶超欧美的产品投放到中国市场从而开辟业务的中国企业与以色列拥有的那些尚不知道成为什么样产品的最先进技术这两者直接联系起来，至少现在是困难的。

中国和印度的企业还没有做到靠自己的力量将以色列最先进技术产业化和商业化的程度，从这个意义上讲，对于日本企业来说倒是一个机会。

前面就欧美企业进行了整体阐述。其实，在进入以色列的美国企业中，IT 领域的企业居多。相反，从欧洲企业的特征来看，有做医疗器械的飞利浦，在电力、交通及运输方面擅长的西门子，重工业的 ABB（阿西·布朗·勃法瑞）等，IT 以外的领域居多。这些欧美企业在以色列建立技术研发中心，雇佣犹太人进行联合研发。当然，另一方面，也有很多犹太人到欧美的大学和企业里。在德国的大学里一般都会有几位犹太教授，欧美同以色列的人员交流非常频繁，这方面也需要日本学习。

电装公司在自动驾驶领域走向共同研究

——与 Mobileye 同等的企业超过 200 家

据我所知，真正在以色列设立技术研发中心的日本企业一家也没有。打入以色列市场的日本企业只有电装公司（2018 年 4 月开始）。电装公司也向我们的初创企业出资，准备和我们共同在以色列设立派驻机构。以色列在汽车自动驾驶技术上属于世界顶级水平，其实全世界大部分汽车生产公司所采用的技术都是以色列的。其中，雷达和探测器技术以及图像识别技术尤为出色。汽车上的各式雷达和探测器可以提高自动驾驶的安全性。

第 2 章中提到的 V2X 也是以色列领先世界的技术，另一个是图像识别技术。这是一种从拍摄的照片中分离出目标物的技术，瞬间即可判断出是人，还是汽车或自行车等。英特尔公司花费大约 150 亿美元（约合 1.7 兆日元）收购的 Mobileye 公司也是以色列的企业，日本、欧美的多数汽车制造公司采用的都是 Mobileye 公司的技术。

并且，仅仅根据我个人的调查，在以色列，包括所有领域在内，像 Mobileye 公司这样具有最先进技术研发能力的企业有 200 家之多。电装公司对以色列的技术和企业感兴趣，可能的话，也打算同他们进行合作研发。

网络安全要靠数学能力决定
——为什么会是“日美英+以色列”

网络安全[①]也是以色列企业的强势领域。在电脑安全方面，密码化和解密都很重要，密码理论的基础是难度系数很高的代数几何学——犹太人的拿手好戏，研究者比比皆是。

代数几何学也是日本人比较擅长的领域，获得菲尔兹奖的小平邦彦、广中平祐、森重文都是代数几何学出身。另外，所谓安全，其实涉及领域很广，不仅限于互联网上的信息往来。例如被称作“Critical Physical System”[②]，即发电厂、化工厂、铁路、机场的管制中心等社会基础设施的网络安全也非常重要。

发电厂如果因受到网络攻击而产生误操作，引起事故发生就不得了了。化工厂、铁路、机场等也是一样。以色列致力于研究此类基础设施的信息安全，并且有着世界最先进的技术力量。在日本，

---

① 网络安全（Cyber Security）：一种针对电脑攻击的防御行为。避免计算机受到不法攻击、数据篡改和破坏、信息泄露、计算机病毒感染等，确保计算机和计算机网络的安全。

② 赛博物理系统（Critical Physical System）：用探测器网络等收集存在于现实世界（自然空间）里的各种各样的数据，在电脑空间里利用大规模数据处理技术等进行分析，并凭借分析得到的信息，试图搞活产业和解决社会问题。与“信息物理融合系统”同义。

只有信息工程人员多少还涉足网络安全方面的研究，高压电的电力公司和铁道公司的工程技术人员完全不涉足。因此，难道不应该摸索同以色列企业合作的可能性吗？

在日本也有人高喊网络安全的重要性，也有产学联合组成国际网络协会的行动。以庆应大学为中心，东京大学、东京电机大学等联合美国的斯坦福大学和 MIT（麻省理工学院）等，英国的剑桥大学、牛津大学、伦敦皇家学院等，于 2016 年成立了日美英网络安全研究联合会。

英美双方提出了“让以色列参加”的建议，由我做中间人，自 2018 年起，以色列理工学院、内盖夫本—古里安大学、特拉维夫大学参与进来。这是一个学院式国际网络安全研究联合会组织，为什么是“日美英 + 以色列”？您不会不明白吧！

在这个组织成立的背景中，国家安全——国防问题关系重大。网络安全与国家安全重合度很高，也就是说两者息息相关。与美国结成军事同盟的强国之间的合作，从国防角度看也是强有力的四国联盟。另外，为了在亚洲“寻找伙伴”，也请印度尼西亚参与进来。

食物和水也可以通过科学技术获得
——在污水的回收率方面以色列居世界第 1 位

以色列在制药和医疗设备等生命科学[①]领域同样处于领先地位。治疗老年痴呆症的药物正在研发，除此之外，胃镜胶囊——将胃镜制成胶囊，吞下之后胶囊对胃的内部进行拍照——这种医疗设备的研发也非常先进。糖尿病患者之前一直靠皮下注射的方式摄取胰岛素，但在很大程度上胰岛素治疗的依从性被降低了。以色列人发明了胰岛素胶囊，只要吞下它就可以摄取胰岛素。开发并销售这种胶囊的初创企业也是以色列的，由以色列理工学院首次创办。

另外，农业技术——农业科技[②]方面也是以色列领先。由于被敌对的阿拉伯国家包围，以色列有必要提高粮食自给率，加大对农艺研发的投入。使现在的粮食自给率超过 90% 。以色列国土的 60% 是荒原，非常贫瘠，不适合发展农业，但他们在那样贫瘠的土

① 生命科学（Life Science）：研究对象为生物体和生命现象，除生物学、生物化学、医学、心理学、生态学以外，还对社会科学等进行综合研究的学问。

② 农业科技（Agritech）：将农业（Agriculture）和技术（Technology）两个词语合成的词。应用 AI、ICT 和机器人技术，旨在实现农作物和牧业生产效率的提高和稳定供给。

地上致力于农艺的研发，生产出了农作物。在日本吃到的小番茄就是以色列产的。

以色列在 5 至 10 月处于旱季，几乎不降雨。因此，从需求出发，他们将海水变为淡水，致力于和水有关的科学技术的研发。现在，以色列大约 70% 的用水是从海水淡化而来。将使用过的水再次利用，即水的再生技术的研发也很先进，污水的回收再利用率达到约 83%，居世界第 1 位。

世界上有的国家和地区因缺水而苦恼，甚至达到“水比石油昂贵”的程度。如果有以低成本将海水变成淡水或者将污水再利用的装置，那么想购买利用的国家应该不在少数吧。实际上，据说中国就在引进以色列的技术，每年都将淡水化的成本降低。

在日本与以色列之间构筑良性的生态系统

——技术研发→产品化·销售→技术研发……

除了上述领域以外，以色列还在推动其他科技领域的研发。那么，日本企业应该与以色列企业进行怎样的合作呢？我想最重要的就是构筑生态系统。以色列与欧美企业已经构筑了全球生态系统，但与日本企业之间尚未形成生态系统。虽说日本经济没有增长，但日本市场是仅次于中国、美国、欧洲的大市场，如果单看包括了中国和日本的亚洲市场则其无疑是一庞然大物。

制造和销售使用以色列最先进技术的最终产品，提出占领东亚市场的产品化计划，这无疑会让许多以色列企业感兴趣。仅仅从技术研发合作上迈出一步，在进行共同研发的同时，将那些研发出来的技术用于最终的产品化并销售出去，这样的日本企业肯定会吸引以色列的企业，让他们认为有必要同日本企业合作生产，并且将销售利润再投资到以色列的技术研发中。日本企业应该追求这样一种同以色列之间建立起来的良性生态系统，即“技术研发→产品化·销售→技术研发→产品化·销售”。

明明知道偷以色列的技术不对，却靠要小聪明去套近乎，这是完全行不通的。因为这会被作为流浪汉在世界各地风雨飘摇的犹太人一眼就识破，那样的话，彼此之间就再也没办法建立相互信任的关系了。

擅长从 0 到 1 的发明能力的以色列企业和擅长从 1 到 10 的装配能力的日本企业，它们之间的合作将是一种完美的组合，很容易建立成功的关系。

我坚信，如果能同以色列企业进行合作，主动去购买以色列企业的技术，同以色列进行贸易，将这些由来已久的理念转变为一种伙伴关系，共同建立起生态系统，无论在任何领域，日本企业面前自会敞开一条通往成功之路。我本人从今以后，极愿承担以色列企业和日本企业之间的桥梁作用，立志为双方建立良性生态系统略尽绵力。

引起第四次工业革命，即数字化转型革命的是技术的进步和深化，其速度年年都在加快。为了不被落在后面，要充分利用以色列的学术研究机构和企业的技术研发能力。日本企业负责把这些技术最终产品化并销售出去，建立起一种良性生态系统，对日本抵达终点，即实现 Society 5.0① 又有裨益。这样做可以确保日本经济的增长，甚至与世界经济的增长、人们生活水平的提高和福利关系密切。总之，我认为，我们应该一起为日本的创生，为日本能够引领世界而努力奋斗。

① Society 5.0：Society 5.0 旨在通过将电脑空间（虚拟空间）和自然空间（现实空间）高度融合，从而同时实现经济发展和解决社会问题，建设一个以人为本的社会（Society），是继狩猎社会、农耕社会、工业社会、信息社会之后，新的一种社会形态。这一设想在第 5 期科学技术基本计划中被首次提出，日本以此作为未来社会的蓝图。

结　语

数字化转型革命下 Society 5.0 的实现

在我结束本书之前，我想强调的是，迄今为止我所论述的“数字化转型革命”只是手段，不是目的，即它是“产业的数字化”。如果把它视为“产业的破坏”，那将大错特错。对这个问题，以经济团体联合会会长中西宏明先生为中心的有识之士进行过讨论，开始是作为综合科学技术会议上得出的结论，继而又成为第 5 期科学技术基本规划（2016 年 1 月）的核心内容。——“数字化转型革命”的终点即 Society 5.0。

Society 5.0 经未来投资会议提议，被列入“未来投资战略 2017”中，这明确表明了要“通过数字化转型革命解决社会课题”。所谓“数字化转型革命”的时代，指的是以第三次工业革命中出现的互联网为中心进行各种科技的融合，使物理、数位、生物等领域之间界限难分的第四次工业革命。

在第3章中也提到，这个时代也因AI的存在而使许多职业消失，一个与以往完全不同的新时代，一个那些“只注重上司对自己的评价”“以忙碌为借口逃避解决问题”“整天就知道抱怨而不知道行动”的人无法生存下去的严酷的时代。因此，在“结语”中，为了那些能够在今后的时代里生存下去的人，我想最后提醒一下日本的“教育”应该如何办。

我们正面临着许多职业将被人工智能和机器人所代替的时代，以下3种精神愈发重要。精神是人类固有的，给机器装上精神的技术还没有找到。第1种精神是“领导力”即以远见卓识来带领人们前进，因为目前还不能认为人类可以听从机器人的领导团结一心。第2种精神是“创业家精神”，机器人创业是不可能的。因此，最重要的就是“创业家”的存在。创业家需要具备谈判能力、商业意识、执行能力。无论技术多么进步，今后仍需要通过产品和实业改变社会的创业家。在大型组织中创业家精神也尤为重要。第3种精神是“创造精神”，领袖和创业家的技能培养是当务之急。但是，时下日本国内开展这种教育的教育机构太少，更别提将它作为应试教育进行推广。随着IT的普及，单纯作业将由机器和计算机完成，人只做机器不能做的属于“人的工作”。可是，日本的教育体系并没有抓住这个时代变化的本质，依然保持现状，学校还在教背诵、计算、正确拼写等这些全都是“机器擅长的东西”。即使是成绩最优秀的人，他们也只是掌握了背诵、计算、单纯作业等机械性技能而已，学校教给学生的只是有答案的知识。

我认为，当今教育应该更重视“暑假自由研究”① 和音乐、美术等基于感性的“艺术”领域。我认为，这里所说的艺术不局限于那些专业的艺术家，更重要的是在所有产业领域代表“创造性”的“艺术家”的存在。就这样以“领袖精神”“创业家精神”“创造精神”为基础，对日本的教育体系加以改造。不仅如此，为了能够在这个新时代里生存下去，应该以这三种精神为基础，积极推进以IoT、大数据、AI 这些最新技术为主体的数字化产业。

广大读者可以充分锻炼自己的沟通能力、表达能力、判断能力、协作能力、忍耐力、应变能力，发挥积极性和责任感去推动组织的建设，成为设计 AI 而不是输给 AI 的独一无二的人才，设计自己的人生。

最后，非常感谢担任本书编辑的 PHP 研究所的大隅元先生、坂田博史先生，还要感谢一直以来都非常支持我的互联网综合研究所和宽带塔集团的成员们！

① 于 1947 年在日本中小学教育界推行，是根据儿童的个性所延伸的科目，可研究内容包括实验、观察动植物日记、制造模型、录像、探索当地历史等。